公開霊言

東條英機、「大東亜戦争の真実」を語る

大川隆法

Ryuho Okawa

まえがき

以前、東條英機の自動書記の霊言を、私は『ザ・リバティ』誌上に公表したことはあるが、今回初めて公開霊言に踏み切った。安倍政権の目指す、憲法九十六条改正（改憲手続きの改正）、さらには憲法九条改正（戦争の放棄、戦力及び交戦権の否認の条文の改正）が直近の参院選や、それに続く予定の衆院選の最大のテーマの一つとなると思うので、霊的真実を確かめるのが私の使命でもあると考えたからである。

北朝鮮や中国からは侵略的威嚇を受けながら、相も変わらず、靖国問題（？）や従軍慰安婦問題（？）などの「歴史認識」（？）を巡って、韓国や中国から鬼の首でもとったかのようにおどされ続けている。70％近い高支持率を得ている現在の安倍政権でさえ、選挙前に売国マスコミに集中攻撃を受けるのを怖れて、骨董品の「村山談話」にハタキをかけて床の間に飾り、にわか信心を始める無様さである。東條英機が泣いている。おそらく、岸信介も泣いておろう。経済改革だけで力尽きるか、今が正念場だ。

二〇一三年　五月十七日

幸福実現党総裁　大川隆法

公開霊言　東條英機、「大東亜戦争の真実」を語る　目次

公開霊言　東條英機、「大東亜戦争の真実」を語る

二〇一三年五月十日　収録
東京都・幸福の科学総合本部にて

「霊言現象」とは、あの世の霊存在の言葉を語り下ろす現象のことをいう。これは高度な悟りを開いた者に特有のものであり、「霊媒現象」（トランス状態になって意識を失い、霊が一方的にしゃべる現象）とは異なる。

なお、「霊言」は、あくまでも霊人の意見であり、幸福の科学グループとしての見解と矛盾する内容を含む場合がある点、付記しておきたい。

公開霊言 東條英機、「大東亜戦争の真実」を語る

二〇一三年五月十日　収録

東京都・幸福の科学総合本部にて

東条英機（一八八四〜一九四八）

日本の軍人・政治家。陸軍大将。東京都生まれ。陸軍大学校を卒業し、関東軍参謀長、陸軍大臣を経て、一九四一年に内閣総理大臣に就任。太平洋戦争開戦の最高責任者として、複数の大臣、参謀総長を兼任したが、サイパン島が陥落した直後に内閣を総辞職。敗戦後、連合国によって行われた東京裁判にてA級戦犯とされ、一九四八年に絞首刑に処せられた。

質問者　※質問順

酒井太守（幸福の科学宗務本部担当理事長特別補佐）
里村英一（幸福の科学専務理事・広報局担当）
黒川白雲（幸福実現党政調会長 兼 出版局長）

［役職は収録時点のもの］

1　東條英機元首相の霊に「歴史の真相」を訊く

参院選に向けて「護憲派」の意見が強くなっている

大川隆法　今、参院選に向かって、憲法記念日あたりを一つの転換点とし、護憲派や左翼、共産党系の勢力が力を増してきています。また、与党である公明党の態度も不明瞭で、「改憲には反対」というような言い方もしているようです。

そういう意味では、安倍政権が、参院選において、合計三分の二以上の議席を取り、憲法改正に踏み切れるかどうか、大きな山場に差し掛かっているのではないでしょうか。実際に、護憲派の意見もそうとう強くなっていると思われます。

一方、韓国の大統領は、北朝鮮問題に絡んで訪米しましたけれども、アメリカの大統領に、「日本は歴史認識が足りていない。それを、アメリカに分かってほしい」

と言っていました。北朝鮮と日本の、どちらを攻めたいのか、よく分からない発言をして帰ったわけです。おそらく、「日本がタカ派化したら危ない」と思っているのでしょう。ただ、北朝鮮は同じ状況のままであり、この問題に対しては、まだ何も、けじめがついていません。

また、中国は、日本政府による尖閣諸島の国有化以来、領海・領空侵犯等を繰り返して、「自分のものだ」と言い張っています。最近、アメリカが、「尖閣については、日米安保条約第五条が適用され、日本が中国と戦争状態になった場合、日本に加担する」と言ったら、中国は論をすり替え、「琉球（沖縄）は、もともと中国のものだった」と言い出しました。

琉球が中国に帰属するなら、尖閣問題など、議論の余地もないぐらいに小さな話であって、自動的に消えてしまうでしょう。私は、以前から、「沖縄など口だけで取られる」と指摘していたのですが（『この国を守り抜け』〔幸福実現党刊〕等参照）、そのとおりになってきています。

さらに、安倍総理に関しましては、タカ派として強気で行っていたのですけれども、昨今は、参議院予算委員会の答弁で、「村山談話」に関し、「趣旨的には踏襲しつつも、侵略の事実についてだけは認めない」というあたりで、ようやく、しのいでいました。かなり押し込まれてきた感じを受けます（注。二〇一三年四月二十二日の参議院予算委員会での答弁。なお、本霊言収録の五日後に行われた、五月十五日の参議院予算委員会において、安倍総理は、「村山談話」をめぐる答弁を修正し、「全体を受け継ぐ」と表明した）。

やはり、これは、閣僚や国会議員が、多数、靖国参拝したあたりで、韓国や中国を刺激したせいでしょう。

しかし、その中国はと言えば、アメリカから、あれだけ言われても、いまだに、尖閣の領空・領海侵犯を煩瑣にしておりますし、国内の洗脳も進めているようで、習近平氏の息がかかった学者の書いた論文には、「琉球は、清朝時代に中国のものだったが、日本が軍事的に勝手に取った」というような内容が載っています。

確かに、あの国は、武力をもって国民を信じさせられるので、繰り返し繰り返し、百回もやられたら、そのとおりに信じるようになるのかもしれません。なお、沖縄には中国の味方のような主要新聞が二つもありますので、実に危険な状態であると思います。

霊界情報を含めて「戦争責任」の真実を探りたい

大川隆法　ただ、争点の一つとして、靖国参拝問題を契機とした問題があるとは思うのです。

私は、「ヒトラーとムッソリーニは地獄に堕ちている」という話はしておりますけれども（『保守の正義とは何か』〔幸福の科学出版刊〕参照）、昭和天皇に関しては、戦後、長生きされたこととも関係があるのかもしれませんが、高天原に還っておられるようで、ヒトラー等とは行き先が違うわけです。もちろん、中国等からすれば、「戦争責任は天皇にもあるのではないか」と思ってはいるでしょう。

また、開戦時の首相である東條英機については、過去、「地獄に行っているだろう」とは言っていたのですが、「かつては高天原の神々の一柱であったのではないか。しかし、敗戦や、戦争で三百万の人が亡くなった、その責任から、地獄に行っているのだろう」とも言っています（『平和への決断』〔幸福実現党刊〕参照）。

実は、東條英機を筆頭に、A級戦犯、十数名が祀られている靖国神社は、戦後にできたわけではありません。明治維新の志士たちも祀っている、昔からあった神社ではあり、別に、A級戦犯を英雄にするためにつくられた神社ではないのです。

こうした靖国参拝問題も絡めて、時代が大きく転回するというか、善悪の判定のところが大きく動くと思われます。

明治時代に、日清・日露戦争で勝った者たちが天国へ還っていることは確認されているけれども、先の大戦で負けた者は地獄へ堕ちているのかどうか。要するに、単なる勝ち負けで決まってしまい、勝った者は、「勝てば官軍」で天国へ行き、負けた者は責任を取って地獄に堕ちるのか。

しかし、政治家の場合、暗殺されたら天国に還って神様になっていることも多いので、このへんの仕組みには難しくて分からないところがあります。アメリカでも、暗殺された大統領が神様になっていますから、実に分かりにくいのです。

ですから、今日の論点は、幸福実現党にとって、よいものかどうかは分かりません。あまり好ましくない論点かもしれないのですが、当会も、「事実は事実。真実は真実」と主張している以上、この東條英機が、戦争責任の中心に存在し、靖国問題の中心にも存在するのであれば、彼を呼び、「当時の考え」のみならず、「現在の情勢を、どう考えるか」「安倍政権の行動や、それに対する反対勢力、外国勢力等の諸条件を見て、どう思うか」等、いろいろな角度から訊いてみたいと思います。

彼は、A級戦犯として絞首刑にされましたけれども、今だったら、どう思うのか。また、霊界情報も含めて、当時の全体的な構図は、いったいどのようになっていたのか。あるいは、東條が責任を取ることで、はたして昭和天皇は責任を取らずに済むようになったのか。

今の憲法改正論議には、九十六条改正による手続法の緩和から九条改正に入ろうとしているところもありますが、同時に、天皇制についても、「天皇を元首として明確に位置づける」というものがあると思います。

確かに、明治天皇や昭和天皇は、少なくとも、元首であったことは間違いなく、戦争の最高責任者でもありました。つまり、先の第二次大戦の開始時においては、昭和天皇は元首であり、最高責任者であったのです。ただ、人間宣言をして、国民統合の象徴になったあとは、元首であるのかどうかが実に曖昧になり、「形式上は元首ではあるけれども、実質上はそうではない」と解釈していたのですが、それを改憲によって、「実質元首」にしようとしているところもあります。

しかし、「実質元首」となれば、やはり、戦争などの責任も負うことになりますので、結局、「日本が戦うかどうか」、あるいは、「勝つか負けるか」に対して、元首としての責任が、当然生じてくるわけです。前回は、マッカーサーの特別な計らいによって、天皇制は維持されましたけれども、「外国のキングが、戦争に負けたときには処刑された」というのと同様のことが起きてくるかもしれません。

今後、「北朝鮮だけに占領される」とは想像したくありませんが、中国と本格的に事を構えなくてはならなくなり、改憲もできない状態であるならば、占領される可能性は極めて高いと思われます。しかも、アメリカと中国の戦力が逆転する場合や、中国が大きくなったために、アメリカが日本を捨てて中国と組んでしまう場合も、十分に考えられるので、私は、「本当に天皇制の危機が近づいている」と感じています。

もし、憲法改正が、そういうところにまで入ってきたとき、本当に、「天皇制の終わり」に直結する可能性もないとは言えません。

最高級の人材だった東條英機は本当に「悪人」なのか

大川隆法　このように、さまざまな観点がありますので、今日は、東條英機に代表としてご登場いただきますが、いろいろな角度から〝突(つ)っ込んで〟、その考えを上手に引き出してみてください。

三百万人もの日本人が亡くなっておりますので、おそらく、責任から逃(のが)れられないでいるのだとは思いますが、彼は、開戦時において、日本としては最高級の人材の一人であったことは間違いないでしょう。日本人として、いちばん頭がよかった人であろうし、軍人としても立派な方ではあったのだろうと思います。

ほかには、連合艦隊(かんたい)司令長官の山本五十六(やまもといそろく)も、人材としては最高級だったのだろうと思うのですが、「そうした最高級の人材をもってしても敗れた」ということなのか。それとも、「悪なるものであったために敗れた」ということなのか、「そもそも、悪なるものであった」ということなのか。このへんの追究も必要です。

例えば、「宮本武蔵(みやもとむさし) 対 佐々木小次郎(ささきこじろう)」の戦いで、小次郎が敗れたからと言って、必ずしも、「悪人だ」という判定にはならないでしょう。「腕(うで)が、上か下か」という問題はあったかもしれませんし、実際に、小次郎は負けて地獄に堕ちたのかもしれませんが、それは単なる善悪の問題ではなかったのではないでしょうか。

今日は、このへんのところを霊査(れいさ)してみたいと思います。幸福実現党の根拠(こんきょ)も揺(ゆ)らぐかもしれないけれども、今後、提言する意見の正当性にかかわることについては、やはり、当会自身が、正直に、両面からチェックをかけておかなければいけません。

しかし、仮に、先の大戦において日本に「悪」があったとしても、「『悪の国であるから、今、住んでいる人たち全員が悪人である。したがって、一方的に占領したり、侵略したりしてもよい』などということには、必ずしもならない」と、私は思っております。

今、安倍さんは、「歴史認識が足りない」という指摘を受けているので、彼がやろうとしていることの正当性のところを、一回、確かめてみたいと考えます。

ちなみに、「歴史認識が足りない」と発言しているのは、韓国の朴槿恵(パククネ)大統領ですが、彼女のお父さんである朴正熙(パクチョンヒ)元大統領は、日本の陸軍士官学校の卒業生で、戦争の間には、満州国軍中尉にまで出世しております。

そういう意味では、日韓の差別などなく、日本人と韓国人を、まったく同等に扱っていたことは明らかですし、あるいは、同等以上かもしれません。にもかかわらず、その人の娘さんが、そういう事実を一切無視して、「日本が一方的に悪だった」という言い方をしているわけですけれども、お父さんが、戦後、韓国陸軍少将になり、韓国大統領になったのには、やはり、日本での経歴が、スプリングボードになっていることは間違いないでしょう。そのあとから、彼は出世しているはずなのです。

一方、日本人とは違って、欧米諸国がアジアの国々を植民地にしたときには、そのような扱いなど絶対にしておりません。例えば、イギリスがインドを植民地にした際、インド人を士官の扱いにするようなことは、絶対にしていなかったでしょうが、日本は、台湾に対しても同等に接していたと思います。李登輝さん（元・中華民国総統）が、ずっと、日本に対して肯定的な発言をされているのは、差別された覚えがないからでしょう。

「やはり、多少の違いはあったのではないか」と、私は思うのですけれども、このへんのことも含めて調べてみましょう。

「沖縄も北方四島も日本のものだ」と発言していた毛沢東

大川隆法　今日の読売新聞（二〇一三年五月十日付朝刊）には、「沖縄は自分たちのものだ」と言っている中国に関連して、「一九六四年に、中国外務省が、毛沢東主席の意向で、当時、アメリカの施政下にあった沖縄の主権について、『当然、日本に返還されるべきだ』という外交文書を出していた」という記事が載っていました。

今、習近平は、毛沢東時代の思想に帰ろうとしているのですが、毛沢東自身は、アメリカに対して、「沖縄は日本のものだから、日本に返せ」と言っていましたし、ソ連に対しては、北方四島について、「あれはけしからん。日本人のものを勝手に取り上げているが、あそこまで取るのはやりすぎだ。北方四島は返すべきだ」と言っていたわけです。

習近平が、こうしたことについて知っているかどうかは分かりませんけれども、〝ご先祖〟というか、中華人民共和国の初代主席は、一九六四年段階で、「沖縄も北方四島も、日本のものである」「ソ連は取りすぎだ」と明確に認識していました。それが、今、ご都合主義で、ずいぶん変わっているような感じはします。

毛沢東は、「アメリカから日本に返せ」と言ったわけですが、もし、「沖縄が中国のものだ」と本当に思っていたのなら、「中国に返せ」と言えたはずです。このへんについても、「歴史認識」と言いつつ、自分たちに都合のいいように曲げているところも、一部あるのではないでしょうか。

東條英機元首相の霊を招霊する

大川隆法　（質問者に）今日は、東條英機という方の人柄を見ていただきつつ、いろいろなことについて訊いていただきたいと思います。

私も、力の限りを尽くして、本人の意見を忠実にお伝え申し上げようと思います。内容は非常に重く、日本の将来や、世界の将来、あるいは、戦争と平和の大きな問題を背負っていますし、二国間、三国間の「歴史認識」の問題が絡んでいますので、言葉を慎重に選ばねばなりません。「天皇陛下の霊言」ほどではないとは思いますが、それに次ぐ程度の言葉の吟味は要るでしょうから、気をつけて、言葉を選んで話したいと思います。

以上を前置きとし、そろそろ始めます。

先の太平洋戦争の開戦時において、内閣総理大臣をしており、陸相や内相も兼ねられた陸軍大将、東條英機元首相を幸福の科学総合本部にお招きし、その戦争観や、現在の安倍政権がやろうとしていること等、さまざまなことについて、本質的なことを伺いたいと思います。

東條英機元首相、どうか、幸福の科学総合本部に降りたまいて、本心をお語りください。

（約二十秒間の沈黙）

2 日本が開戦に追い込まれた経緯

「日本人は猿だ」というアメリカの人種蔑視政策

東條英機　うーん。

酒井　東條英機元首相でしょうか。

東條英機　うむ。そうである。

酒井　本日は、幸福の科学総合本部においでいただきまして、まことにありがとうございます。

今、日本は国難のなかにあるわけですが、その原因の一つに、大東亜戦争前から東京裁判あたりまでの歴史認識の問題があるように思います。

特に、東條英機元首相に関しまして、「A級戦犯である東條英機が悪いのだ」として、すべてを収めてしまい、思考停止がなされている状況です。

東條英機　うーん。

酒井　ここのところの「歴史の真実」が明らかにならないかぎり、これからの日本はないのではないかと、われわれは考えております。

そういう意味で、本日は、当時の状況について真実を教えていただきたく、まことに僭越ながら、お呼びさせていただきました。よろしくお願いいたします。

東條英機　うむ。

酒井　初めに、「なぜ、大東亜戦争が始まったのか」についてお伺いいたします。東條英機元首相は、本当に開戦に賛成だったのか。あるいは、「アジアを征服したい」という欲があったのか。このへんの事実から教えていただければと思います。

東條英機　まあ、アメリカのやっていることは、いつも一緒で、今も北朝鮮に対して兵糧攻めをしておるんだろうけれども、当時は、わが国も、今の北朝鮮のような国に、彼らには見えておったのであろう。

自国民に対しての、戦時のプロパガンダ（宣伝）を見るかぎり、イエロー・モンキーとして日本人を描き、人間としては見ていなかったようだ。つまり、「日本人は猿だ」という認識であって、明らかなる人種蔑視政策をとっておった。

また、日本からは、アメリカに、だいぶ移民が行っておったわけだけれども、戦争の前には、すでに、日本人移民排斥法（排日移民法）なるものがあり、西海岸の日本人たちは排斥されて、そうとうひどい目に遭っておった。ユダヤ人街というか、ゲットーみたいなところへ放り込まれたり、追い出されたり、仕事ができなくなったり、まあ、捕虜寸前の、非常にひどい状態に置かれたわけで、「すでに、そういう差別はあった」ということは言えるわな。

「満蒙」に支配権を及ぼした日本が邪魔だったアメリカ

東條英機　その原因の一つとしては、やはり、「満蒙に対して、わが国の支配権が及んだことを面白く思っていなかった」ということが大きいと思うんだな。

はっきり言って、日本は、鉄鉱石や石炭等の原材料の採掘権を取ろうとして満蒙へ行ったんだけども、同じく、アメリカも取ろうとして、「共同で開発させろ」と言ってきたわけだ。しかし、日本は、実質上、先に手に入れていたものであるから、仲間に入れなかった。そういうあたりから嫌がらせが始まっておるわね。

ただ、こちらからすれば、「地政学的に見て地球の反対側のアメリカが満州地域に来て、ヨーロッパに遅れて植民地をつくるから、日本と半分こしよう」というのは、やや虫がいい提案ではあったわな。

アメリカは、インディアンの土地を取って居留地に追いやり、ハワイを取り、グアムを取りして来ているわけだよ。まあ、中国については、「日本が侵略した」と言っているが、しなければ、たぶん、アメリカが侵略していますよ。彼らは、少し後れを取った上に、この東洋に日本という強い国があったので、これが邪魔で、目障りでしかたがない状態であったと思うんだな。

アメリカは「日本との戦い」を計算に入れて追い込んでいった

東條英機　そのしっぺ返しが、石油の禁輸だ。ＡＢＣＤ包囲陣（アメリカ、イギリス、中華民国、オランダによる対日経済封鎖）を敷いて、日本に原材料や石油等が入らないようにすれば、日本は機能しなくなる。軍艦があったって、重油がなければ動けやしないし、発電もできない。「一滴もない」とは言わないけれども、そういう、燃料の部分が弱点だったね。

彼らは、「それをやれば、日本が必ず南のほうに進出する」ということは知っていた。当然、計算はしていて、インドネシアや、その他、油田が見込める所に、日本が行くことは知っておって、それが計画に入っていた。南方に攻撃をかけさせるつもりがあったわけで、日本を締め上げれば、絶対にそうするのは分かっていて、やっていたんだよ。

それは、向こうの仕組みどおりにやらされたと私は思うし、それを知ってはいたけども、やらざるをえない状況にあったわね。

まあ、少なくとも、オーストラリアの北部にまで至る南方戦線について、アメリカは、日本が攻撃を仕掛けてくることを事前に想定し、大正時代には、図上演習が終わっておった。実際に、戦争の二十年近く前から計画ができていたし、ハワイへの奇襲まで予想して作戦のなかに入れていた。そのことは、あらかじめ言っておきたいと思う。そこに追い込んでいったのが現実だよ。

もちろん、その前には、軍縮交渉等もあった。「戦艦や空母等の保有数を、英米に対して、日本は、五対三にする」とか、「十対七にする」とか、いろいろな交渉はありましたけど、ずいぶん押し込まれましたよ。軍縮ということで、日本の軍事力を抑え、軍事的な物量を減らして戦争能力を落とそうとする交渉があったわけで、これについては、かなり呑まされたところはありますよね。

その前にも、日清戦争のときに、わが国が正式に割譲を受けた領土なども、三国干渉によって返させられることが起きた。それで、「次はロシアとの戦いになる」と読み、それが十年後には起きると見て臥薪嘗胆で準備し、ロシアにも勝った。ただ、フランス（ナポレオン）も勝てなかったロシアに勝ったあたりで、アメリカは、明確に日本との戦いを計算に入れていたと思う。

露骨に言えば、アメリカは、一八九八年にハワイ併合をしたあたりで、台湾まで一両日で来れるぐらいの距離になったので、実際には台湾も狙っていた。極東のほうの、中国近辺に、自分たちの軍港ないし植民都市をつくりたかったのに、日本軍が強いと取れないので、そういう計算をしていたと思うんだな。

やはり、日本がロシアに勝った時点で決定的になり、アメリカは日本と戦う決意を固めたと思われます。

「日英同盟」があれば戦争を回避できた可能性もある

酒井　歴史的な評価としては、「当時の政府には侵略の意図があった」という考えが大勢を占めていますが、「その後、マッカーサーが、『あれは日本の自衛のための戦争であった』と気づいた」という話もあります。

　また、東條元首相は、昭和天皇から、戦争回避の望みを託され、ハル・ノートを突きつけられるまで、戦争回避の道も模索していたとされます。ただ、アメリカからは、「日本は、時間稼ぎをして奇襲のための計画を練っていたのではないか」という情報が出てきて、そうした評価が固まってしまい、失礼ながら、「東條英機＝ヒトラー論」のようなものまでが出ている次第です。

東條英機　うーん。

酒井　東條元首相は、本当に戦争を回避しようとしていたのかどうか。そのあたりについて教えていただけないでしょうか。

東條英機　まあ、欧米（おうべい）列強のなかで、一国でも日本にシンパシーを持って、日本とのつながりを持とうとする国があれば、違（ちが）ったかもしれない。もちろん、ドイツやイタリアは、そうだったのかもしれないけれども、アングロサクソン系のなかで、英国を失ったのが大きかった。日英同盟があれば、回避する手段はあったであろうとは思う。

あなたがたも、気をつけなくてはいけないのだけども、日英同盟という二国間同盟を、四国間同盟に拡大的に発展させるかたちでやったところ、事実上、廃棄（はいき）したことと同じになったんだよ。だから、（今の）日米同盟を、いろいろな国と組んでやるかたちにしたら、事実上、機能しなくなることもある。

例えば、韓国とアメリカも同盟関係にはあるのかもしれないけど、これを、日米韓の同盟関係にして、「対等の意見で、全員一致でなければ動けない」という感じにしてしまったら、まったく動けなくなることは確かにあるので、気をつけなくてはいけないと思う。

日英同盟解消のとき、すでに、あちらには対日参戦の覚悟があったことは、だいたい分かっておるので、「これ以上、日本に勝たせない。日本は、清国に勝ち、ロシアに勝ち、第一次大戦でも勝ち組に入って勢力を増してきている。今は、軍縮で抑え込んではいるけど、いつまでも、これを抑えられない」という感じはあったのだろう。

しかし、日本から言わせれば、ウォール街の株の大暴落で、世界大恐慌を起こし、世界不況を輸出したのはアメリカなんだ。アメリカが世界不況を起こしたせいで、日本にまで不況が来ましたよ。昭和五年の昭和恐慌で、みんな、ひどい目に遭い、東北では娘まで売りに出すようなことが起きた。まあ、あなたがたもご存じかと思うけど、娘たちは学校にも行けずに、芸者に売り飛ばされていたわけで、「満州にでも入植しなければ食っていけない」ということになってきた。

あの大不況の影響は、そうとう大きく、はっきり言えば、本当に賠償していただきたいぐらいの気持ちは、こちらにもありましたよ。

先の日清・日露戦争で戦費がかかり、財政的には苦しい状態にあったし、得るものが少なかった上に、被害はそうとう大きく、国土の荒廃もひどかったので、結局、国としては震災を受けた状態に近かった。

まあ、「景気をよくする方法が十分にはなかった」ということだね。

本当の敵は「ソ連・中国の共産主義」だったはず

東條英機　それで、合従連衡ではあろうけれども、科学技術が進んでいるというドイツと、防共協定でチームを組んでいた。そこに、イタリアも加わって、日独伊三国防共協定を結んだけども、防共協定の趣旨そのものは、戦後の流れを見れば間違ったものではなかったと、私は、はっきり思う。

やはり、アメリカが間違ったと思いますよ。アメリカが勝ったために、共産主義が、これだけ世界に広がって、何十年間もの苦しみを生んだのだ。

本当の敵は、ソ連であり、中国であったはずなんですよ。戦後をにらめば、本当にやらねばならなかったのは、共産主義が広がらないようにすることであったと思うし、ソ連が次なる敵になるのは、もう見えていたことであったからね。彼らのなかにも、やはり、そういう戦略眼のなさはあったんだ。目先の戦いに走って、戦略眼のなさがあったのではないかと思うところはある。

ただ、「負ければ、一切の言い訳はできない」ということで、私は、軍事法廷で裁かれ、敗戦責任を取らされて、A級戦犯となった。しかし、こんなものは、完全に国際法違反のことである。武装解除されている者は、もはや、抵抗のしようもない。縛り首であろうと、銃殺であろうと、しかたがないから、まあ、お好きなようにされたらいいけれども、それを「正義」のように言われるのには問題があるよ。

　アメリカにだって、リンカン大統領のような偉大な方も存在したんだからね。リンカン大統領は、南北戦争をやっても、「戦争が終わったあとは責任を問わず」ということで、一つのアメリカに戻ろうとしたよね。「正規軍 対 正規軍」として理念を掲げて戦い、戦争が終わった場合、戦争での決着はあったかもしれないけれども、片方を一方的な悪として裁いて、もう片方を完全な善にすることには、間違いがあったと思う。

日本軍のハワイ攻撃を探知していたルーズベルト

東條英機　フランクリン・ルーズベルトにしても、そりゃあ、できる人ではあったのであろう。しかし、ハワイのパールハーバーの〝奇襲〟にしても、当時、日本の大使館よりも先に、電文の解読は終わっていて、日本軍が攻撃するのを知っていて、させたんです。戦艦アリゾナ号の三千人、および、その他の人たちを見捨てたんですよ。知っていたのに、攻撃させるつもりでやらせた。向こうは、ちゃんと探知していましたよ。

でも、アメリカは、今の日本ではないけれども、要するに、「自分から先に戦争を起こさない」というような国是で、孤立主義をとっていた。セオドア・ルーズベルト（第26代大統領）の時代からかな？　ウィルソン（第28代大統領）とかも、そうだったかなあ。アメリカは、孤立主義をとっていたので、フランクリン・ルーズベルトは、これを何とかしたかったし、本当は戦争をしたくてしたくて、うずうずしておった。何か、きっかけをつくりたかったわけだ。ハワイなら本土とあまり関係がないので、ある程度の被害を起こさせるつもりでいたし、「たぶん、日本軍は攻撃をするだろう」と見ていた。「同時か、あるいは、先に南方の攻撃に入る。マレーシア、シンガポール、インドネシアあたりのほうが近いから、そちら側から来る」と見ていたようではあるけれども、ハワイの攻撃も想定には入っていた。

まあ、「まんまと罠にかかった、われわれが愚かである」と言えば、それまでである。「若干、運が足りなかった」と言えば、今回は、神風が吹かなかったところはあったかな。開戦において、もし、「神風が吹く」というか、「作戦において勝つ」、あるいは、「名将を得る」ことができていたら、違ったかたちで、休戦に持ち込む可能性はあったと思う。

少なくとも、最初の一年は圧勝しておりましたが、二年目になって、いろいろと負けが出始めた。だいたい、もともとの作戦自体が、「『一年は勝てる』と読んでいるが、二年目には休戦に入らねばならない」というものだった。何と言うか、戦争をやめなければもたない。要するに、物量がないからね。食糧や石油、石炭、それから、鉄。こういうものが足りないので、戦争できないわけだ。

「二年以上は戦えないから、あとは負ける戦になる」ということは見えていた。アメリカには、石油はあるし、鉄鉱石はあるし、食糧は豊富だし、工業生産力は高いし、本格的に稼働し始めたら、勝てない。洋行帰りの人の意見を聴けば、だいたい、みんな、そのとおりであった。

ただ、私としては、日露戦争のような判定で、最低でも引き分けに持ち込んでいきたかったんですね。

3　欧米の根底にあった「人種差別思想」

「軍部の独走」ではなく「国民の総意」による開戦だった

酒井　もう一つ、お訊きしたいことがあります。今、憲法改正を否定する考えのなかに、例えば、五・一五事件や二・二六事件などの流れのなかで、「軍部が力を持って、政党政治を排除し、軍部独裁のかたちになったことが、戦争の原因になったのではないか」という意見がありますが、これについて、何か反論はありますでしょうか。

東條英機　まあ、そういう戦後史では、すべての責任を「軍部の独走」に持ってきて、「軍を統制することさえできれば、日本は平和なんだ」というような哲学を長らくつくり上げてきた。「国防費をGDP（国内総生産）の一パーセントに、GNP（国民総生産）かな？　一パーセントにすると。以内に抑える」とかね。それから、「憲法を護っておれば、国が滅びることはない」みたいなことが続き、軍人が悪人にされて、私が「悪玉の親分」ということなんでしょう。

たまたま陸軍大学校を上位で卒業すると、ろくでもないことになるわけです。もう少し頭が悪ければ、よかったかなと思います。ビリのほうで卒業していれば、死刑になることもなかっただろうと思うんですが、はっきり言って、勉強ができすぎて損をしましたわな。

ただ、私は、国民の負託に応えた。国民の総意としては、あの当時、九十パーセント以上は開戦だったと思いますよ。九十パーセントを超えていたと思う。「許せない」というのが正直なところで、急先鋒は朝日新聞でしたからね。「絶対、許せない」と。

酒井　「許せない」というのは、何に対してですか。

東條英機　ええ？

酒井　アメリカに対してですか。

東條英機　アメリカです。ヨーロッパも含めて許せない。
欧米の「白人優位説」は、ヒトラーの選民思想とまったく同質

東條英機　要するに、人種差別が、はっきり根底にあるからね。「黄色人種が、白色人種のまねをすることは許せない。おまえらは、優越人種じゃないんだ。だから、白色人種みたいに、外国に対して優越的な権利を持つ、あるいは、植民地を持つことは許されないんだ。白人以外が植民地を持つことは許されないんだ」というのは、

ヒトラーと変わらないですよ。

ヒトラーを責めるんだったら、ヒトラーのアーリア人優越主義には、「白人、特にコーカサスから来た白人は優秀だ」という、ルドルフ・シュタイナーの霊思想まで裏に入っていることを言っておきたい。「アトランティスの生き残りだ」とか（笑）、適当なこじつけもある。これは、「特別に選ばれた」という選民思想だよね。

実を言うと、コーカサス系の白人の選民思想は、裏を返せば、「神から選ばれた国民だ」というユダヤ人の選民思想とまったく同じだ。ユダヤ人を迫害しながら、ユダヤ人とまったく同じ選民思想をヒトラーは持っていたんだが、その思想と同じものを、実は、アメリカだって持っていたわけだ。

また、イギリスも、白人優位説によって、インドを百年近くも植民地にしていたんです。すごいですよ。すごく長い（注。なお、それ以前の二百五十年以上の期間も、イギリス東インド会社がインドを支配するかたちで、実質上、植民地化していた）。

その間、ただただ、食糧など、いろいろなものを搾取し続けたんだから、インドはずっと貧しいままですよ。インドの発展のためなんかに、全然、植民地経営をしていません。搾取ですよ。「暴動が起きたら撃ち殺す」ということばかり、ずっとやってきた。

戦後、ガンジーは、あんな「塩の行進」をやって、ガンジーの「非暴力・不服従」が成功したけど、そう言ったって、彼らは、日本軍が、インドでイギリス人をさんざんに追い散らすところを見ているからね。「アジア人だから劣っているわけではない」と思ったはずだ。日本軍は、イギリスやフランスと戦っても勝っているし、オランダにも勝っている。白人が日本人にさんざん負けているところを見ている人たちは、戦後、みんな独立に入っていったわね。

「八紘一宇」は欧米的略奪的侵略に反対する平和繁栄思想

東條英機　そう言ったって、私たち自身も自衛のためにやっていたし、「日本が資源を取りに行った」という言い方はあるかと思う。実際、その必要はあったかもしれないけども、（アジアの）同胞にとっても、「結果論として独立できただけではない」ということは知っていただきたいと思いますね。

欧米から見れば、「侵略」と言われるものが起きた以前の段階において、すでに、「八紘一宇の思想」というか、すべての世界に、偉大なる日本神道を立てようとした。つまり、「天皇陛下のお徳の下に、あるいは、天照大神のお徳の下に、四海同胞は平和でなければならない」という環太平洋思想があったわけですよ。そういう、平和繁栄思想に基づいてやっていたのであって、その思想のなかには、欧米的な略奪的侵略を永遠に肯定するような思想は入っていなかった。これだけは、いくら死刑にされても、私は撤回する気はありません。

明治維新で「四民平等」を実現した日本は「平等」の先進国

東條英機　はっきり言って、アメリカの歴史なんて、「奴隷の歴史」じゃないですか。アフリカから人間を連れてきて、「黒人には魂がない」とまで言い、お金で売り買いしていたんですよ。古代のギリシャやローマでもやっていますけどね。黒人でなくても、戦争に負けた人間を奴隷にして、売り買いしていました。アメリカ人は、アフリカ人をお金で売り買いしていたんですよ。日本人は、それをやっていません。

日本の首相をやり、大蔵大臣もやった高橋是清(たかはしこれきよ)でさえ、アメリカで奴隷として売り飛ばされているんですからね。アメリカに留学し、ボーイさんか何かで、皿洗いをしながら勉強していたときに、ホームステイ先で騙(だま)され、いつの間にか契約(けいやく)させられた。英文が読めないままにサインしてしまったら、奴隷として売り渡(わた)され、オークランドのぶどう園等で働かされた。後に総理大臣になる人が、ですよ。こんな状態ですから、非常にひどいレベルですよ。

リンカンの南北戦争が終わったあとですから、十九世紀ですよ。将来、大蔵大臣や首相になるような優秀な人であることぐらい、見ればすぐ分かることだと思います。それを、堂々とサイン一つで売り飛ばすことをやっていたわけです。

後に出てきたキング牧師なども、「リンカンが、アメリカの憲法に基づいて、『人間は、神によって平等につくられたんだ』と、ゲティスバーグの演説で宣言した。それが、明治維新の四民平等に影響を与えた」というように言っている。しかし、日本のほうは四民平等をやったけれども、アメリカのほうでは、黒人差別が、その後、百年ぐらい続いていた。リンカンが暗殺されたのが、一八六五年ですからね。

その百年後に、ケネディも暗殺されるわけだけども、そのころに、ようやく、キング牧師たちの黒人解放運動（公民権運動）が起き始めた。そして、キング牧師が暗殺されたこともあって、だんだん草の根運動で広がったが、それまでは、「白人と黒人は同じバスに乗らない」とか、「トイレは一緒に使わせない」とか、「学校は別にする」とかいうことが平気で行われていましたよ。奴隷ではなくなったかもしれないけど、そういう差別はあったし、その後、貧民街もずっとあったわね。それで、オバマさんが大統領になって、黒人のほうに尽くそうとしているんだろう。

「平等」という意味では、はっきり言って、日本のほうが、よほど先進国ですよ。

アメリカのほうが、差別意識はすごく強かったと思います。だから、あなたがたが、「イエロー・モンキー」と言われて怒らないんだったら、私は、日本男児として認めがたいですよ。

4　満州国建国の真相

「日中戦争」で奇襲や闇討ち、偽装工作を受けた日本軍

里村　今、お話をお伺いしまして、「大義」というものは非常によく分かりましたけれども、先ほどの大東亜戦争のほうに話を戻しますと、今、東條首相から、「日本の勝利が続くのは、だいたい一年ぐらいだ」と見切っておられたお話や……。

東條英機　そうです。

里村　また、「パールハーバー等も、はっきり言うと、なかば、アメリカから罠にかけられていた」というお話がありました。

東條英機　うん。

里村　さらに、それに至るまでを辿れば、日中戦争もそうですが、「張作霖の爆殺事件」、「満州事変」、「盧溝橋事件」等についても、中国共産党やソ連共産党の画策といったものが実際にあったのでしょうか。また、東條首相は、それを認識しておられたのでしょうか。

東條英機　いや、君らねえ、中国が、そんな善意の国だと思ってはいけないよ。彼らは、今も見て分かるとおり、「口先一つで真実をねじ曲げてくる国」なんですよ。「自分たちがやっていることを、人のせいにする」というのを、今も一貫してやっているでしょう？　現在進行形で見ていると思うけれども、本当に仕掛けてくるんですよ。そして、「日本軍がやった」というようなかたちで、やるんです。

歴史では、もう消されている、「通州事件」などというものもあります。すなわち、中国人が、二百数十人の日本人を皆殺しにした事件がありますが、軍隊が駐留しているのに、そんなことをやって、ただで済むわけがありませんからね。当然なんですよ。

実際上、彼らは、アパッチ族と同じようなことをやっていたわけで、もし、アメリカが、騎兵隊でアパッチと戦うことを肯定するのだったら、われわれのやったことを完全に否定することはできないと思います。自分たちの家族が攻撃を受けたら、やはり、反撃しますよ。

だから、それは、正当な戦争としてやったものではないものです。要するに、そういう、奇襲や闇討ち、あるいは、偽装工作等が、そうとう起きました。

「満州国」自体は国際法上も有効に成立していた

東條英機　それと、もう一つ、現代の日本人が知らないことを、はっきり言っておかなければいけない。日本は、日清戦争で清国と戦って勝ったけど、清国というのは満州族の国なんです。

（日本は）満州族と戦って、勝った。その後、清が滅びるかたちになり、その満州族が、満州のほうに引き揚げていって、国をつくったわけだ。これを「傀儡政権だ」とか言って、今は、歴史ですごく悪く言っているのだろうけども、もともと満州族で、漢民族とは違うんです。

一緒にいたら、今度は、（満州族が）いじめられる側に回るのは分かっていて、奴隷にされ、殺されてしまう。こういうことを、たくさんやりますのでね。

だから、満州族が国をつくろうとしたことに対して協力したのは事実ですし、もちろん、日本の利益があったのも事実だけれども、彼らだって、ホームタウンが欲しかった。それは、本当のことなんです。

満州国自体は、国際法上も有効に成立していたものなんですよ。

日本が統治に加わっていたことは事実です。そのあとに、国際法的に見て、周りの先進国にも、「満州族だけでは自治ができないから、やはり、日清戦争で勝った日本が、引き続き、治安維持に当たらねばならない。そうしないと、漢民族からの攻撃を受けて、国が取られ、滅ぼされてしまう」というのは、だいたい見えていたのでね。

「中国」という言葉で、すぐ全部を言うけども、いろいろな異民族によって、侵略と略奪を繰り返されている国であるので、今の「中華人民共和国」が連続したものであると思うのは大間違いであるし、私たちには、毛沢東がつくった「中華人民共和国」と戦った覚えなんか、まったくない。

私たちが戦ったのは、蒋介石の「中華民国」なのです。「中華民国」は、台湾に移動していて、今、日本と台湾とは友好関係にあるわけですので、今の中国は、非常に腹立たしいことを言っていると思います。自分たちに関係のないことを、自分たちの被害のように言い立てているところに、実に許しがたいものがあると思います。

5　「靖国参拝問題」に対する思い

日本に奇襲させて国民を説得し、参戦したルーズベルト

里村　東條首相のご認識としては、先の戦争は止めることができたのでしょうか。やはり、やらざるをえなかったのでしょうか。

東條英機　いやあ、これは、やはり、トップ一人の問題ではありましょうから、アメリカの大統領が開戦する気であったら、戦争は、どうしても起きたでしょう。

里村　どんなかたちでも、必ず、そこに持っていかれたと？

東條英機　どんなかたちでも、必ず起こしただろう。日本にやらそうとしていたので、罠にかかった面はあるかもしれないけれども、まあ、今日は通産省の人（旧通産省出身の幹部）はいないようだが、通産省みたいなところが計算すれば、だいたい分かることです。「どのくらい締め上げたら、日本がどうするか」というのは、物量の計算をすれば、すぐ分かることですから。

そうでなければ、向こうからでも攻撃をかけてきたでしょうね。台湾や朝鮮、それから、満州あたりの所に、アメリカが攻撃をかけてきたと思います。どちらかだと思いますね。

その前に、アメリカの大統領は、先に国論の支持を取り付けなければいけないけども、国民を説得することができなかったんですよ。

「地球の裏側まで行って、何で戦わなければいけないのか」ということを説明できない。

今の大統領たちも、そうですけども、砂漠地帯で戦って、たくさん被害が出た。「五万人も死んだ」とか言っているのでしょう？　「まだ、やるのか。シリアでやるのか。イランでやるのか。まだ中国と戦うのか。北朝鮮と戦うのか。青年がたくさん死ぬのではないか。なぜ、そこまでやらなければいかんのか」ということに対して説得するためには、「いかに、相手が悪人であるか」ということを証明しなければいけない。だから、「核兵器を開発している」とか、「化学兵器を使っている」とか、あるいは、「大量破壊兵器があって、危機がある」とか、そういう理由をつけないかぎり、できなかった。

フランクリン・ルーズベルトも、理由があればできたんだけど、国民を説得できなかったために、日本に奇襲させる作戦を組んで、やった。

まあ、これは、今のＣＩＡに当たるような諜報部門が、計算した上で誘い込んだのは間違いない。

戦争を回避していたら、日本全土が植民地になった可能性も

酒井　もし、当時、東條首相が非戦論で、「やられても、一切、手を出してはならん」と言ったら、どうなりましたか。

東條英機　降伏ですよ。それだったら、即降伏。最初から降伏です。

酒井　降伏になりましたか。

東條英機　ええ。最初から降伏です。

酒井　そうした場合、日本は、今、どうなっていたと想定されますか。

東條英機　日本全土が、アメリカの植民地になったはずです。

酒井　植民地ですか。

東條英機　あの戦争の結果、沖縄だけが、しばらく、二十年ぐらいですか？

酒井　はい。

東條英機　アメリカに二十年余り支配されましたけど、（降伏した場合）日本全土が植民地になったでしょう。

酒井　では、戦争回避のために、「ハル・ノート」を受け入れたとしたら、日本は植民地になったと？

東條英機　はい。植民地です。日本だけではなくて、アメリカは、朝鮮半島も満州も取ったはずです。

里村　なるほど。

東條英機　絶対にそうです。日本を植民地にしたあと、絶対に、朝鮮半島と満州も植民地にしています。

酒井　それが、ルーズベルトの意志……。

東條英機　それから、もちろん、中華(ちゅうか)民国、つまり、今の台湾も植民地にしているはずです。絶対にやっている。

酒井　アメリカの意志としては、そこまであったわけですね。

東條英機　だって、（日本人は）イエロー・モンキーなんですから。黄色人種に対しては、人権など認めていないんです。先輩のヨーロッパの国々が認めていないのですから、一緒ですよ。

ドイツではなく日本に原爆を落とした理由は、人種差別意識

里村　原爆を落としたときの、アメリカの大統領は、トルーマンですね？

東條英機　うん、うん、そう。

里村　彼は終戦時の大統領でもありますが、最近、「トルーマンが人種差別主義者

であった」という説も出始めているようです。

東條英機　いやあ、全員だよ。アメリカ人全員だから、それは言ったってしょうがない（笑）。みんなが、そうだから。

里村　ちなみに、トルーマン大統領という方は、原爆を落として、まあ、それは、はっきり言って、「必要のない投下であった」とも言われておりますが、死後、どのようになっておられますか。

東條英機　まあ、呼んだら分かるよ。俺が言ったって、敵国なんだから、信用性がないだろう。呼べばすぐ分かるから、お調べになったらいいと思います。あちらも正当に調べるべきだと、私は思いますよ。

私の感触では、たぶん、多少の責任はあるのではないかと思っています。だけど、

Ａ級戦犯で死刑になった私の口から、そんなことを言ったところで、「神様の裁き」のようには聴いてくれないだろうから、それは言いませんけどもね。

ただ、少なくとも、「アメリカが、戦争を早く終結させるために原爆を落とした」という説、まあ、これは、戦後、日本に流布した説ですね。

里村　はい。

東條英機　「だから、日本は、ソ連に支配されずに済んだ。やっと戦争をあきらめる方向に踏み切り、天皇が『終戦の詔』を出し、戦争が終わるのが早くなって、よかったのだ」という説、および、「京都や奈良のような文化財がある文化都市に対しては、最初から意図的に爆撃しなかった」という説は、両方とも嘘であることは分かっている。

（アメリカは）原爆を実験したくてしたくて、うずうずしていたわけだが、ドイツには落とさなかったんですからね。ナチスは六百万人のユダヤ人を虐殺したのだから、ドイツに落としたって別に構わないと思うけども、ドイツに落とす気は、まったくなかったんです。同じ白色人種ですから、ドイツ人に落とす気はなかったけど、日本に落とす気があったんだから、「日本人は、準黒人扱いだった。要するに、アフリカの黒人に準ずる扱いだった」ということですね。

やはり、アメリカは原爆の性能を試したかったんですよ。ネバダ砂漠で実験をしたって、それは分かりませんからね。実際の破壊力を見せつけて、アメリカの国威発揚に使いたかった。そういう考えをはっきり持っていたんです。ただ、戦争が終わってしまったら落とせない。だから、「落としたから戦争が早く終わった」のではなくて、実は、「実験したかったので、それまで戦争を終わらせなかった」というのが真実です。

里村　なるほど。

東條英機　実際の戦争は、四四年ぐらいに、もう終わっていたんですよ。

里村　はい。

東條英機　もう終わっていますよ。東京大空襲があったあたりで、本当は、もう終戦ですよ。だけど、彼らには、やめる気がなかった。実際は、原爆まで実験したかった。

それから、京都の爆撃計画はちゃんと入っていて、日本が終戦を受け入れてしまったために、できなくなっただけです。あんな、木造の家屋（かおく）ばかりあるところを、燃やす気が十分にあったんですからね。

だけど、「そういうところは守るつもりだったらしい」というような美談が流れ、日本人が美的に感激したので、それに便乗して、そういうことにしてしまったんです。

このへんの誤解は、戦後も、ずっと、うまく美談として使われていますけどね。

「靖国参拝の是非」は、子孫である日本国民の判断に委ねたい

里村　まさに、そのへんの美談や、「日本が悪だ」というレッテル貼りなどのもとになったのが、終戦後に行われた東京裁判でした。

東條英機　うーん。

里村　そして、東條首相も、A級戦犯として処刑されました。

東條英機　でも、東京裁判ではないな。原因は、東京裁判ではない。もっと前だ。開戦前から、もう原因はあった。

「日本、憎し。叩きたい」っていう気持ちは、開戦前からあるので、東京裁判がスタートではない。「イエロー・モンキー」という考えは、もとから持っていたわけで、だから、こういうことは、ナチスのユダヤ人差別と比べたって、ほとんど差はないですよ。

里村　その人種差別のところは分かっておりますが、ただ、この東京裁判で、A級戦犯として、東條首相をはじめ十数名が裁かれました。

今に至るも、この東京裁判の影響(えいきょう)は、例えば、「靖国参拝問題(やすくにさんぱい)」というかたちで残っています。現在、韓国(かんこく)では、朴正熙(パクチョンヒ)の娘(むすめ)さんが大統領をやっておりますが、アメリカまで行って、アメリカ大統領に、「日本の歴史認識はおかしい」と訴(うった)えるような状態です。

そして、靖国参拝については、日本国内にも、「参拝するべきではない」というような意見を持っている人もいるのですが、この東京裁判やA級戦犯という問題に対する東條首相のお考えは、いかがでございましょうか。

東條英機　私たち、あの世に還(かえ)っている者には、要求する権利が特にないからね。「参拝するべきである」とか、「するべきでない」とかいうことは、こちらのほうから要求するようなものではない。「参拝したいと思うか、思わないか」は、そちらの側の問題であろうから、われわれには、何ら強制的に言える問題ではない。「われわれのやったことを、子孫である日本国民が、どのように判断するか」という問題だろうと思いますね。

「われわれは、国を守るために、無我の気持ち、無私の気持ちで戦った」ということを信じてくれるのならば、お参りしてくれても構わないし、「銀行ギャングのような悪党が、政府を牛耳(ぎゅうじ)り、諸国を荒(あ)らしまくった。日本では、そういう悪党の親分が、官僚制(かんりょうせい)で、あるいは、士官学校から選ばれて、上に上がり、国を牛耳っておったのだ」と思うなら、石を投げて靖国を潰(つぶ)すなりするのは、子孫たちの自由ではあると思いますよ。それについて、あなたがたが、どう判断するかは自由です。

ただ、外国から、いろいろ言われることについては、少なからず異論があるね。
彼らに対して、言いたいことは、やはり、ある。
私には、彼らの卑怯（ひきょう）な行動について言いたいことが、かなり、あります。

6 「アメリカの野心」に立ち向かった日本

「アジア統治は日本に任せよ」という考えが主流だった欧米

酒井　中国や韓国、アメリカ等の国に対し、それぞれ、おっしゃりたいことは？

東條英機　（中国・朝鮮は）だいたい、正当な交渉をするような政府も、ろくにつくれないような国でしたよ。まっとうな人材を出し、きちんとした政府をつくっていたなら、交渉もできましたが、実際には、交渉の相手がいないんですよ。朝鮮半島もそうですし、中国もそうです。もともと、交渉相手など、いやしないんです。そのような人材がいないんですよ。だから、当時、すでに文明の落差がはっきりありました。

一八〇〇年代、義和団の乱を治めるため、(中国に)ヨーロッパ各国や日本も出兵しました。なかでも、日本軍は目に見えた活躍をし、いちばん規律もしっかりしていて、略奪、暴行、放火などは一切なしでした。金銭を奪ったり女性を犯したりするようなことは、まったくやっていないんです。ヨーロッパの軍隊は、金を盗ったり女性を強姦したりしていたのに、日本軍は一切しなかったため、すごく信用がついた。

だから、欧米では、「アジアの統治は、日本に任したほうがいい」という考えが支配的だったんですよ。そういう考え方を持っていたんです。

「世界帝国」への野心からアジア進出を狙ったアメリカ

東條英機　ところが、アメリカに野心が出てきたわけですね。

ちょうど、イギリスの世界帝国、「大英帝国」の時代が終わり、第一次大戦を契機に、アメリカに支配権が移っていきましたが、ヨーロッパのほうには、アメリカから、そうとうの側面援助を受けて助かった面があります。

実は、当時、アメリカには「世界帝国思想」が出てきていたと思います。これに対し、アジアでは日本が立ちはだかったんだと思います。もし、日本という〝衝立〟がなかったら、アメリカは中国を全部植民地にしています。当たり前ですよ。

インドだって、イギリスから取り返して、アメリカの植民地にしたかもしれないぐらいです。力関係を見れば、そういう可能性はありました。先の大戦で、イギリスはドイツにほとんど負けかけていた。アメリカがノルマンディー上陸作戦に入らなかったら、イギリスは、事実上、ドイツに滅ぼされていたはずです。

だから、その点でいくと、日本とアメリカとが四年近くも航空母艦決戦をやって、これだけの大変な戦いになっていなければ、アメリカは、中国もインドも、全部、自分の支配下に収めてしまったと思いますよ。その見返りに、「ヨーロッパの再建を助けてやる」ということだったのでしょうね。そのままいけば世界帝国が出来上がっていたと思いますが、それを阻んだのは、おそらく日本でしょう。

日本とアメリカは互いに競争して発展してきたライバル

東條英機　そういう意味では、日本が憎らしかったのかもしれませんが、これは、まあ、ある種、「ライバル的なもの」だったと、私は思いますね。

リンカンの時代の南北戦争と日本の明治維新とでは、年数は、わずか数年の差しかありませんけれども、南北戦争の結果は、当然、明治維新にも影響が及んでおります。それを日本は、かなりいいほうに解釈し、本当に「四民平等の世界をつくろう」と努力しましたね。できるだけ無血開城をして、四民平等の世を開いた。

アメリカのほうは、「六十万人以上の血を流しても、実は、差別自体はなくなってはいなかった」という問題がありました。

「明治・大正・昭和期には、（日本よりも）アメリカのほうが進んでいた」と考える向きもあるでしょう。まあ、一部の機械類はそうだったかもしれませんが、当時のアメリカには数千万しか人口がいなくて、日本の人口も三千万から四千万人になるぐらいのころでありました。そのことから見れば、「(日米は)お互いに競争し、一緒に発展してきた」と言えるんですよ。

里村 そうですね。人口はそうですね。

東條英機 ただ、あちらには大実業家が出てきて富をつくり、豊かになってきておりましたし、もともと資源が豊かだったところが、かなり大きいですわね。

一方、日本は、貿易をしなければならないため、実は、「平和を維持しないかぎり、繁栄できない」という条件があったのに対し、アメリカは、他国との平和を維持しなくても、独自で戦える状態にあったんです。すでに、いつでも戦える状態にあったんですよ。

(日米には)そのへんの違いがあったと思います。

だから、(アジア支配を阻止されたアメリカにとっては)悔しいだろうけれども、日本は、資源小国ながら、経済大国、軍事大国となり、政治的にも影響力を持ってきた。今だって、G７（日本・アメリカ・イギリス・ドイツ・フランス・イタリア・カナダの七カ国）だか、G８（G７にロシアを加えた八カ国）だか知らないけれど、黄色人種は日本だけしか入っていないでしょうから、悔しいだろうね。

ヨーロッパのほうの国も、だんだん落ちこぼれてきているんだろう？　ギリシャやイタリアのあたりも駄目になってきているし、ドイツだって、日本よりも、まだ力は低いんだろう？　イギリスもそうなんだろう？　悔しいだろうね。だけど、これは第二次大戦前と同じ状況だね。

今は、「中国がどのように振る舞うか」ということですが、彼らのやっていることを見れば、日本が戦前にやったことと同じことをやろうとしているとしか思えません。彼らは、その外形だけをまねしようとしているように見えます。これに対し、「（日本が）立ちはだかるかどうか」という問題はある。

7 「憲法改正」と〝天皇元首制〟を問う

自国を守れない「押(お)しつけ憲法」の事実を米国民に知らせよ

里村　今、日本では「憲法改正」の議論が起きており、「そのために、まずは憲法改正の条件を定めた九十六条を改正しよう」という動きに対し、「護憲派」と言われる人たちが反対しています。

この護憲派には、今、東條首相がおっしゃったような、かつてのアメリカ的な立場というか、「日本は悪い国だった」と見るような人たちが多いのですが、最近の、この憲法改正の動きを、どうご覧になっていますか。

東條英機　憲法については、まあ、私は、別に「護憲」でもいいと思っていますよ。

必ずしも、「変えなければいけない」とは思っていません。

ただ、その「護憲」をとる条件としては、「現在の日本国憲法は、アメリカが英文でつくったものを日本語に訳させ、日本にそれを認めさせたものである。アメリカに押(お)しつけられ、受け入れざるをえなかった憲法である」ということをアメリカ国民に告知し、全員に知っておいてもらう必要があると思う。

里村　なるほど。

東條英機　「そういう憲法になっているため、日本は自分独自で国を守れない状態になっている。この憲法をつくったのはアメリカ人であり、戦後、日本が何も反論できないときに、これを無理に受け入れさせたものだ。だから、アメリカ人には日本を守る義務があるのだ」ということを、きちんとアメリカ国民全員に知らせ、確認させなければ駄目(だめ)ですよ。

しかし、今のアメリカ人の若い人たちは、そんなことをほとんど知らないので、「日本が勝手に戦わないだけだから、滅びたってしかたがない」と考える。「戦えばいいじゃないか。なぜ戦わないのか。自分らで『戦いたくない』と言っていて、それで侵略されたとしても、それは自業自得だ」と思うだろう。

だから、「アメリカが憲法を押しつけて、これを日本に守らせたのだ」ということを、アメリカ人にきちんと認識させた上で護憲派でいくなら結構です。「アメリカ人の若者が、代わりに血を流してくれる」というのでしたら、私は別に（憲法を）変えなくても構わないと思いますよ。

ただ、現実には、アメリカ人の大部分は、そう思っていないはずです。また、ヨーロッパ人の半分は、「日本は核武装している」と思っている。

だから、日本人だけが、「自分たちは平和を謳っている国で、諸国民もそう信じている」と信じ込んでいるんですよ。やはり、ここをきっちりしないと駄目だと思いますね。

国家元首とは「命懸(いのちが)けで国民を守る責任」を果たす立場

黒川　自民党は憲法改正の論点の一つとして、天皇を「元首」と位置づける改正を主張していますが、幸福実現党は、「万が一、戦争で負けた際、天皇に戦争責任が及(およ)ぶことのないよう、天皇は元首とすべきではない」と主張しています。

東條英機　まあ、少なくとも、先の開戦時には、昭和天皇が「元首」でしたよ。しかし、終戦以後は、死刑(しけい)になった私が「元首」です。戦争責任を全部取ったでしょう？　私が実際の「元首」ですよ。

ただ、あの戦争は、「天皇陛下のための戦争」だったんですよ。国民は天皇陛下のために戦って死んだんです。最後に、鹿屋(かのや)飛行場から神風特攻隊(かみかぜとっこうたい)が突(つ)っ込んでいったのも、片道しか油がなく護衛機もないのに戦艦大和(せんかんやまと)が沖縄(おきなわ)へ突っ込んでいったのも、みんな天皇陛下のためですよ。

もし、天皇陛下が元首であるならば、（戦争の）責任があります。しかし、責任を取らなかったならば、元首ではないですよ。やはり、「死刑になった人」が元首です。

「元首になる」ということは、「戦争をして負けた場合には、死刑になる責任を持っている」ということです。それが元首の条件です。それなくして、「責任は取らないが元首である」ということは、絶対に許すべきではないですよ。それは、ヨーロッパでも、みなそうです（イギリスのエリザベス女王などは、やや象徴的存在ではある――著者注）。滅びるときには滅びるんです。国が滅びたら、自らも滅びなければいけないのが元首です。それが元首の意味です。「絶対に責任はない」と言うのなら、はっきり言って、それは〝宇宙人〟です。そのような元首論はおかしい。それは間違っています。

だから、外交儀礼だとか、サインをするとか、国会の召集・解散の詔を出すとか、そんなことは元首の仕事ではありません。それでは、拍子木を叩いて、「東〜何々〜、西〜何々〜」と声を上げる、相撲の呼出と同じじゃないですか。それが元首ですか。違うでしょう?

やはり、元首に当たる人は「横綱」でなければいけないところでしょうね。千秋楽に決戦をする人でなければいけません。国民のために命懸けで戦い、守ってくれなければ、元首じゃありませんよ。

政治的判断も、重要なことについては、きちんと判断をしなければ駄目です。それでなければ元首じゃないですよ。

少なくとも、戦争中、戦争前も、昭和天皇は（政治的判断を）してましたよ。明治天皇もそうです。それが、明治憲法下では元首だとはっきりと分かるところですよ。

しかし、昭和憲法では、「象徴」のままで来て、ようやくほとぼりが冷めてきたので、また元首にしようとしています。こうなると、われわれ戦った者たちは、きっと、もっと悪者にされるんでしょうね。ただ、言っておきますけれども、天皇陛下のために戦ったんですよ。いちおう、そういう処遇だったんです。

天皇が「元首」を名乗るなら戦争責任を取るべき

酒井　では、将来、憲法改正になったときに、天皇はどういう立場に立たれるべきだと思いますか。

東條英機　ですから、きちんとサインしていただきたい。「万一、戦争が起きて、国の代表が責任を取らねばならないときには、天皇自らが責任取る」と署名・捺印いただきたい。それだったら、元首で結構です。

酒井　そうすると、東京裁判においては、やはり、「天皇に責任を取っていただきたかった」というのが……。

東條英機　マッカーサーの本心は、そうだったと思いますよ。ただ、天皇を亡き者にしたら、日本が〝ゲリラ部隊〟に変わるのを恐(おそ)れたんだと思います。

酒井　東條首相は、どうご覧になっていますか。

東條英機　私ですか?

酒井　はい。

東條英機　私は、「天皇に責任がある」と思いますよ。

酒井　そうですか。

東條英機　責任があると思います。元首だったのに、「戦争には反対だったが、軍部が勝手に独走した」という言い方は卑怯ですよ。これは、侍としては許されない行為です。

酒井　確かに、東京裁判の「平和に対する罪」や「人道に対する罪」というのは、成立しませんが……。

東條英機　これは、勝ったほうが、今、言いたい放題ですね。

酒井　ええ。成立しないんですが、「天皇陛下にも同じ責任を取っていただきたかった」というのが、東條首相のお考えですか。

東條英機　当たり前です。当たり前ですよ。天皇陛下のために、三百万人が、みな死んでいったんですよ。ああ……。当たり前ですよ。

里村　しかし、私としては、忠君で、陛下に対する奉公(ほうこう)の思いが本当にお強かったといわれる東條首相のお言葉とは思えませんが。

東條英機　私の責任は当然ですよ。私は首相だし、陸軍大将ですから、私が死ぬのは当然のことです。

「日本軍の連戦連勝」報道に大喜びしていた昭和天皇

東條英機　ただ、戦争に関しては、はっきり言って、明治大帝(たいてい)だったら負けていない可能性があるんですよ。あれは、昭和天皇だから負けたんであって、明治天皇なら負けていない可能性があるんです。

あなたがたも知らない部分でしょうが、実は、天皇の要所要所の判断では変えることができるところがあったんです。

里村　いや。ただ、しかし、それはですね……。

酒井　いや。それでは、その部分について、もう少しお伺いできますか。

東條英機　ものすごく緒戦で勝ったために、天皇のところには、いい情報しか上がらなくなった面もあるし、新聞にも提灯行列のような字が躍っていましたからね。「日本が大勝、また勝った、また勝った」という記事ばかりが新聞に載り、陛下はそれを見ておられたので、「こんなに勝っているのか」ということで、大喜びされていましたよ。開戦前は、「どうだ？　大丈夫か」と言われていたけれど、開戦後は、（日本が）勝っているのを見て大喜びされていました。

だけど、軍部のなかでも、外国に行ったことのある洋行派の人たちは、だいたい、知っていましたからね。向こうとの工業力の違いや、反撃能力をだいたい知っていたのです。

「マッカーサーを蹴散らし、フィリピンから追い出したあたりが節目だ」ということぐらいは、だいたい見えていたんですよ。このあたりで判定勝ちに持ち込まなければ（戦争が）終わらないことは分かっていたんですけれども、そのときにはまだ、天皇陛下はやる気満々だったんですよ。

酒井　では、なぜ、奏上されなかったのですか。

東條英機　奏上されなかった……。向こうがやる気満々でいるのに、どうやってそれをするんですか。

酒井　しかし、国のすべてが、かかっているではないですか。

東條英機　いや、負け始めなきゃ分からない人だったんですよ。

酒井　ただ、あなたは、いちおう最高責任者であったわけですよね？

東條英機　それはそうですよ。うん。

酒井　しかし、「海軍のことは知らなかった」というのも事実でしょう？

東條英機　いや、だから、大きなところで負け始めたときには、天皇も知っていましたよ。知ってはいましたけれども、国民は知らなかったんですよ。時差があり、（日本が）負けていることを国民が知ったのは、だいぶ遅くなってからです。負けても、「転戦、転戦」で、島から大勢が退いていっているのをよく見れば、負けているのも分かったけれど、何だか、それを言ってはいけないような雰囲気だったからね。

昭和天皇と東條首相の「死後の行き先」を分けるもの

酒井　「責任問題」というものもありますが、昭和天皇は高天原に還っていらっしゃいますよね。

東條英機　うん、うんうん。

酒井　東條首相は、今、霊界のどういう所にいらっしゃいますか。

東條英機　だから、私が全部負っているんじゃないですか。

酒井　以前の、あの世からの霊示では、「永遠の地獄の底にて苦しむもよし。悪魔と称されるもよし。ただ……」とおっしゃっていましたが。

東條英機　うーん。だから、安倍氏が頑張って、韓国の言う「歴史認識」を押し切り、過去の日本で戦った人たち、明治維新で戦った人や、日清戦争、日露戦争で戦った人、あるいは、その前の元寇で戦った人たちと同じように、われわれを扱うようになってくれれば、きちんと高天原の世界に還れるんです。

酒井　還れるのですか。

東條英機　ああ、還れるんです。われわれも還れるんです。

酒井　やはり、残念ながら、今は、お還りになってはいらっしゃらない？

東條英機　まあ、私が責任者ですから。だから、「天皇が高天原に還った」というのは、「責任を取らない」ということです。

酒井　いや、ただ、責任を取る取らないにかかわらず、霊界では正確な判定がなされますが、この違いは何なのでしょうか。

東條英機　違い？　それは、正確にはどうか知りません。

黒川　ヒトラーは地獄に堕（お）ちているんですね。

東條英機　うん、うん。

黒川　「昭和天皇は高天原に還られている」ということですが、これは、霊的に見ると、どういうことなのでしょうか。

東條英機　それは、戦後長生きしたのが効いているんじゃないですか。もし、終戦の年に死んでいたら、すなわち、皇居にまで爆弾（ばくだん）を落とされて死んでいたら、分かりません。

里村　ただ、東條首相の今のお話では、「戦争に勝てば天国、負ければ地獄に堕ちて当然」というようにも聞こえますが。

東條英機　そう、いちおう、そうなんじゃないですか。日本の歴史では、「勝てばみんな軍神」になっていますから。

酒井　ただし、昭和天皇は勝ったわけではありませんが、天国に上がられています。

東條英機　「日本が経済的に発展した」ということで、それを帳消しにしたのだと思います。

酒井　そういう意見であれば、霊的には、最初は、「東條首相と同じ境遇(きょうぐう)にいらっしゃった」ということになります。

東條英機　だから、終戦のときに死んでいたら、一緒だと思いますよ。私と同じ所にいるはずです。マッカーサーが天皇に死刑を命じ、私と一緒に死んでいたら、同じ所にいるはずです。

本当は「開戦」を止めることができた昭和天皇

里村　しかし、戦後の日本の発展は、ある意味で、昭和天皇の徳というものがおありだったからであって……。

東条英機　まあ、美化すれば、そういう言い方もありますが、やはり、少し違うものがあるんじゃないですか。企業家(きぎょうか)の力もそうとうあったし、国民の力もあったし、それから、アメリカとの友好関係を結べて発展した面も確かにある。

けれども、戦後、あれだけの友好関係を結べるのだったら、アメリカは、戦前に、「イエロー・モンキー」「日本人を徹底的(てってい)に潰(つぶ)せ」と言っていたことを、日本に対して謝罪すべきだと思いますよ。自分らの歴史認識の間違いを、アメリカの歴史認識の間違いを、日本に対して謝罪すべきですよ。アメリカは、「(日本は)ファシズム国家だった」と言って、謝罪を一切(いっさい)していないでしょう?

酒井　それは分かります。

ただし、国を思うのであれば、東條首相の立場として、やはり、どうなのでしょうか。天皇は、当時、「なるべく自分で判断せずに、部下たちに判断させる」という教育を受けていらっしゃいましたよね？

東條英機　いや、昭和天皇は、大正天皇の時代から摂政をなさっておられ、戦争に入る前の大正デモクラシーや昭和恐慌を全部経験なされている方なので、分かっておられる。

酒井　ただ、戦争に関しては、あなたが最もお詳しい方ですよね？

東條英機　うん、まあ、実戦部隊の長であることは事実です。ただ、開戦の詔だって、天皇が本当に反対したなら出されなかった。開戦はできませんでした。

酒井　それは、確かにそうだと思うのですが……。

東條英機　天皇は敗戦国の元首ですから、戦争に反対したらできなかった。「今の戦力では、五分五分（ごぶごぶ）で、一、二年なら戦えます。その間に、和平に持ち込むという作戦です」ということで了承（りょうしょう）されたんです。

里村　なぜ、そのように持っていけなかったのか。それは、「天皇が判断されなかった」ということよりも、やはり、動くほうが悪かったのではないでしょうか。

東條英機　まあ、「外交官の質がちょっと落ちていた」ということは言えるでしょうね。「陸奥宗光（むつむねみつ）や小村寿太郎（こむらじゅたろう）みたいなレベルの外交官がいなかった」ということはある。

アメリカに「戦争回避」を説得すべきだった外交官・吉田茂

酒井　ただ、もう一つだけ言わせていただきますと、陸軍と海軍の意思の疎通がまったく取れず、陸軍がほとんど無駄な戦力になっていましたね。

東條英機　それは、戦後の言い方だからね。戦後の官僚制をもってきて、そういうことを言っていたんだ。イギリスで外交官をやったのは吉田茂でしょうか。戦後の首相として、「大宰相」とか「吉田学校」とか言われているけれども、イギリスに行って、何の仕事をしていたんですか。

酒井　あの方（吉田）も地獄に堕ちています（『マッカーサー　戦後65年目の証言』〔幸福の科学出版刊〕参照）。ただし、海軍の作戦については一切ご存じなかったわけですよね？

東条英機　うーん……、まあ、左遷(させん)という面もあったのかもしれません。
しかし、あの人がイギリスにいたとき、イギリスにアメリカを説得してもらえるよう、もっときちんと仕事をしていれば、やはり、回避(かいひ)するなり早めに手を打つなり、できないわけではなかったはずだ。だから、あの人には少し問題がありますよ。

酒井　あなたの責任の範疇(はんちゅう)は、どこなんですか。

東条英機　私は全責任を負っていますよ。だから、日本人三百万人、それから、アジアで死んだ、中国や東南アジアの人たち全員の恨(うら)みを、今、私は受けております。一身に背負っています。
でも、最近、だいぶ軽くなってきました。すごく軽くなってきました。

酒井　それはなぜでしょう？

東條英機　やはり、「国際世論（せろん）が変わってきているのだ」と思っています。

酒井　なるほど。

東條英機　ええ、だいぶ軽くなってきました。

8　「大東亜戦争」の真実

「日本統治時代のインフラ整備」に始まった韓国・台湾の繁栄

東條英機　中国にとって不思議だったのは、「日本はファシズム国家で悪い国」のはずだったのに、日本だけ発展したことです。それが許せなかったんでしょう？（戦争で）あんなに荒廃して、本当に灰になってしまったのに、不死鳥みたいに復活してきた。おかしいじゃないですか。

それで、（中国の停滞を）ずっと日本のせいにしてきたんだけど、「これは、われわれの体制が悪いからだ」ということに気がついて、鄧小平が西洋型経済を入れたら発展し始めたんでしょう？　つまり、自分らが悪かっただけなのに、日本のせいにしていたわけですね。

「戦前、日本が荒らしたために、中国はこんなに貧しいんだ」と、ずっと言い続けてきたけど、実は、単に、「毛沢東以下、経済発展の理論をまったく知らなかった」というだけのことだったわけですよ。

韓国・北朝鮮についても、日本の戦前は、ものすごく協力しているんです。例えば、学校教育。学校を建てたのは日本です。また、ダムをつくったのも日本です。そうしたインフラは、日本がほとんどつくったんですよ。でも、そのことについて、全然、感謝してもらっていません。彼らの国をよくして、レベルを上げたのは、日本のおかげなんです。それがなければ、韓国の今の繁栄もないんです。台湾や韓国の繁栄は、戦前の日本の政策がよかったからなんですよ。

「(日本の)植民地」といっても、台湾の総督府に行った人は、新渡戸稲造(局長)とか後藤新平(民政長官)みたいな、ああいう超一流の人材ですよ。日本のトップクラスの人材、徳力のある人を送ってやっているんです。これに感化されないわけがないじゃないですか。

だから、われわれには、アメリカ人が黒人を虐待したように、朝鮮半島の人や中国人を虐待した覚えはないんですよ。「ここに誤解がある」ということを明確に言っておきたい。

日本軍では「平等以上」の処遇を受けた朝鮮人兵士

里村　日本の軍隊においても、「朝鮮の兵士を平等に扱った」と言われています。

東條英機　平等でない面もあるのよ。むしろ、平等以上の扱いをした。だって、皇室が朝鮮と縁戚を結んでいるんですから、対等じゃないですか。まったくの対等ですよ。

里村　うんうん。

東條英機　もちろん、人種の違う面で、兵士同士では〝いじめ〟などがなかったわけではないと思いますが、いや、すごい騎士道精神、武士道精神があったと私は思いますよ。

だから、一方的に断罪されるのには、ちょっと納得がいきません。アメリカやヨーロッパは、自らのことを反省してから言っていただきたい。

「公」に殉ずる日本軍の思想は「天皇＝現人神」から来ている

里村　例えば、「朝鮮において土地の私有を認めた」ということは、日本統治下において、たいへんな功績だったと思います。また、東條首相が先ほどからおっしゃっているように、アメリカの人種差別に対する、日本の戦争の大義も分かりました。

ただし、一点、気になるのが、当時の日本においては、どちらかと言うと、「公」のために奉公し、「私」、個人というものが軽視され、「命というものは捨てて当然」といった全体主義で貫かれてはいなかったのでしょうか。

東条英機　それはねえ……。もう、戦後七十年近くたったのかな？

里村　はい、七十年近くになりますね。

東条英機　七十年もたったので、これだけはちょっと言わせていただくけども、「公のために死ね」という思想は、私たち（軍人）の思想ではなく、やはり、宗教思想であって、「天皇は現人神(あらひとがみ)だ」という思想から来ているんです。少なくとも、彼らが普通(ふつう)の人間であったら、それは起きていない。現人神であるから、それにお仕えしていたわけです。

だから、アメリカ人から「イエロー・モンキー」と言われることには抵抗(ていこう)しますが、現人神である天皇から「朕(ちん)のために命を捧(ささ)げよ」と言われたら断れないのが日本臣民の立場です。

里村　いや、ただ、それはプロパガンダとして、東條首相方が国民に言っていたことではありませんか。

東條英機　そういうふうに、戦後のあなたがたは洗脳されてきているんです。そういうふうに洗脳されてきているんですが、私らが始める前から、すでに、そういう状態になっていたんです。

里村　そうしますと、そうした分について、東條首相には責任がないと？

東條英機　いや、私たちに責任がないとは言わない。あとは、「私が勝たなかったのが悪い」と言うしか方法がありませんけれども、まあ、作戦上の失敗で、いくつか悔(くや)しいところはありますよ。

「民間人皆殺し作戦」で軍人の戦意を削いだアメリカ

酒井　海軍の作戦には、あまりかかわっていらっしゃらなかった？

東條英機　うん、海軍は、ちょっとひどかったですね。

それと、アメリカ軍は、日本がいちばん嫌う戦い方をしましたからね。補給を断つために、民間船を沈めまくった。無差別に民間戦を沈めたんです。これは（無警告で商船を沈めた）Uボート並みのひどさです。これで、日本からの物資が輸送されない状態にして、離島を〝飢餓諸島〟に変えていった。

また、東京大空襲みたいに、民間人（の居住地域）と承知の上で、しかも、木造の家の最も効率のいい燃え方を研究した上で焼夷弾を落として焼きまくった。このあたりには、もう、ナチス並みのひどさがありますよ。

われわれは軍人だから、軍人対軍人の戦い、武士対武士の戦いは、善悪の問題ではないんですよ。それは、面子（メンツ）の問題であったり、藩（はん）と藩との決着の問題であったりしたわけです。

だから、われわれは、アメリカの軍隊と戦うつもりでいたのに、アメリカは、軍隊のほうではなく、〝草の根〟を根絶やしにする方向から来た。これは、次のベトナム戦争のときにも、枯葉剤（かれはざい）で稲（いね）を枯（か）らしたり、「農民が、いつ、ベトコンの兵隊になるかも分からないから」と言って、焼夷弾よりもさらに強力なナパーム弾を使って民間人を皆殺しにしたりした。

あれでやっと反対運動が起き、反省する動きが起きてきたんでしょう。ただ、それは、日本との戦いにおいて、すでにあったことです。

里村　そうですね。

東條英機　つまり、「民間人を優先的に殺す」という作戦があったのです。これが最も効果的だと考えたわけです。
　軍人たちは、死ぬ覚悟で戦っているから強いし、被害がそうとう出るけど、民間人相手なら被害を出さないで攻撃を加えられる。ダメージを与えられる。タンカーを沈めれば、食糧もエネルギーもまったく入らなくなるから、飢餓状態になり、軍人と戦わずして、自動的に軍人を殺せる。それから、民間人を丸焼けにしてしまったら、もう戦意がなくなる。それを知っていてやった。

里村　ええ。海軍の艦船よりも、貨物船のほうが、はるかに撃沈率も死亡率も高かったのです。

東條英機　そうです。だから、武器を積んでない船を沈めまくったのは計算済みですよ。

奇襲(きしゅう)を批判される「パールハーバー」にも武士道精神はあった

東條英機　日本軍は、パールハーバーを攻撃して責められていますが、市街地も攻撃しなかったし、アメリカ市民も攻撃しなかった。民間インフラは攻撃していないんですよ。それから、石油タンクは、本当は軍事用に使えるエネルギーの補給所だったのだけれども、石油は貴重な資源でもったいないから、石油タンクも攻撃しなかった。

このへんは武士道精神で戦っている。やはり、「武士対武士の戦い」と思っていたんです。「空母から艦載機(かんさいき)が出てきたら、日本もそうとうな被害を受ける」と予想していたので、こちらだって無傷で戦えるとは思っていませんでした。本当は、別に、卑怯(ひきょう)な不意(ふい)討(う)ちを行うつもりではなかったんですけどね。

開戦前にきちんと通告する手はずになっていたのですが、実際の事務手続きが一時間ぐらい遅(おく)れたことを、向こうのプロパガンダで、うまく使われただけですのでね。

酒井　なるほど、分かりました。

事なかれの〝平和主義〟の先に待つのは「隷従への道」

酒井　今後、中国・北朝鮮から日本への攻撃の可能性が考えられるわけですが、これに対して、われわれは、どう判断し、対処していくべきでしょうか。

東條英機　はああ……（ため息をつく）。ですから、私たちを断罪し続けたなら、次には、あなたがたが奴隷になります。それでよければどうぞ。

それが、〝平和主義〟であり、〝戦後の理想〟であり、他国の侵略に対しても、まったく戦わず、ただただ、「人は殺さず、銃弾は撃たず」で、「外国がすべて正しく、日本がすべて悪いのだから、何もしないで降伏するのが正しい」という考えであるならば、黒人奴隷がやられたようなこと、あるいは、インド人がイギリス人にやられたことを、どうぞやられてください。

中国や韓国・北朝鮮の日本に対する憎しみは、そうとうなものですので、「百年やそのくらいは許してくれない」と、私は思いますよ。いずれ、誰かが、また革命を起こして戦わなければ逃げることができない問題になりますよ。

もし、外国の友軍が現れて、「日本を助けてやりたい」と、自分たちの命を懸けて守ってくれたとしても、いずれにせよ、戦争においては、大勢の人が死ななければいけないことは一緒です。だから、自分の国を守るために死ぬ日本人も出てくるかもしれないけれど、もし、日本人が一人も「死にたくない」と思ったら、日本人の代わりに、外国人が命を落としてでも守ってくれないかぎり、日本は隷従と圧迫のうちに生きることを覚悟しなければならないわけです。

「日本の名誉ある地位と位置」の確立を目指した大東亜戦争

酒井　当時、それを避けるために、大東亜戦争を戦ったということでしょうか。

東條英機　まあ、「日本の名誉ある地位を守りつつ、世界地図のなかで『日本のあるべき位置』を確保したかった」ということですね。

少なくとも、日清戦争で当時の中国を支配していた満州族の清国に勝ったのは日本軍なのです。日本が、当時の中国に勝ったんです。欧米であれば、中国を丸ごと植民地にしたはずです。もし、米軍であったとしても、米中戦争をして、中国に完勝してしまった場合には、当時であれば、中国を植民地にしていたと思います。しかし、われわれは、そこまではしませんでした。日清戦争で勝っても、一部、賠償金や一部の租借を受けただけで、それもまた、ほとんど取り返されました。

また、日露戦争を見てもそうです。三国干渉をしてきたロシアにも、利権を得ようとする野心がありました。そのロシアに対しても、日本は臥薪嘗胆して勝ち、北方四島と南樺太まで日本のものになっていた。だから、この戦争においては、彼らの三国干渉を自力でもって跳ね返したわけですね。

ダウンしたボクサー・日本を一方的に殴り続けたアメリカ

東條英機　アメリカは、戦後、日本とこれだけの友達関係になったのなら、戦前のことについても、少しは見解を変えたらいかがですか。

「日本ファシズムを叩きのめした」と言うなら、その頂点は、間違いなく天皇なんです。日本人は天皇のために戦ったし、天皇を現人神と信じた信仰の下に、日本国民は二千六百年、生きてきたんですから、それを認めるなら、犯罪史観のような戦争史観は改めていただきたい。彼らが、民間船への攻撃をしたり、逃げ場のない東京市民を焼き討ちして丸焼けにしたり、広島や長崎に原爆を落としたりした行為は、絶対に人道に反する罪になる行為です。

ああいうことは、やってはならないことです。もう、一般市民であることを分かっていて、十万人単位で殺したんですから。あの段階では、それをしなくても、日本が負けるのは分かっていたんです。もう絶対に勝てない。少なくとも、一九四四年で勝負は終わっていて、四五年の春、三月のあたりで、もはや勝てる可能性はゼロだったので、あとは終戦工作だけの問題だったのです。

向こうは、前年からヤルタ会談とか、いろいろとやって、本当は終戦を決めていたんでしょうけれども、「日本をどこまで徹底的に叩きのめすか」ということに集中していた。言わば、倒れたボクサーにのしかかって殴り続けていたんですよ。それを止めるレフリーは、世界のどこにもいなかったんです。

ドイツもイタリアもとっくに負けていて、日本だけ残っていたために、それを止めるレフリーはいなかったんですよ。だから、その後、それだけ大量虐殺を続けたことに対して、レフリーをする人がいなかったわけです。

これについては、若干、フェアネスに欠けるものがあるということを、アメリカにも少しは認めていただきたい。

9　現代の政治家へのメッセージ

政治家には「先人の名誉回復」に努力してほしい

里村　そろそろ時間も迫ってまいりました。東條首相は、「二〇〇六年当時、時の総理大臣である小泉氏を霊指導していた」とのことですが、現在、例えば、安倍首相なり、日本の政治家を、どなたか指導しているのでしょうか。

東條英機　はあ……。まあ、「指導」という言葉が正しいとは思えない。

里村　例えば、「インスピレーション」とか……。

東條英機　「指導」ということが正しいとは思えないけれども、「現代日本人の先輩に当たるわれわれの被った恥辱、および、名誉を褫奪された苦しみ悲しみに対し、多少なりとも名誉回復のために努力いただきたい」という気持ちはある。

里村　はい。

東條英機　外国の干渉によって靖国参拝ができなかったり、それから、国内のテレビや新聞が悪いことであるかのように報道したり、教科書に悪いことのように書かれたりするのは、われわれをドラキュラか何かのように十字架に打ち付けたまま動かさず、「復活は二度と許さない」ということです。要するに、「われわれの名誉回復は永久になされてはならない」という意志の表れでしょう。

けれども、今の政治家に、「『それが自分だったらどうか』を少しは考えていただきたい」という気持ちはありますよ。

軍隊の命令で死んでいった人々に罪はない

黒川　私たち幸福実現党としても、やはり、「祖国を守ってくださった英霊に感謝と尊敬の思いを捧げる靖国参拝はしていくべきだ」と考えていますし、また、安倍首相も「靖国参拝容認」の姿勢を見せています。

今日、先の大戦において、「自衛のための戦争」、あるいは、「アジア解放」という大義があったことをお教えいただきました。

今、安倍首相も、そうした自虐史観、「戦後レジームからの脱却」を掲げ、教育改革から憲法改正、国防強化といったところに取り組んでいますが、最後に、安倍首相や幸福実現党へのメッセージやアドバイスを頂けたらと思います。

東條英機　この前、「硫黄島に遺骨収集（の視察）に行った」とのことだけれども、確かに、まだ、さまよえる人たちはいると思いますよ。だから、そういう地位のある人たちが慰霊に来てくれることは、迷っている人たちが救われるチャンスではあるんです。南方で散った人たち（の遺骨）を、靖国など、しかるべき所に運ぶ。そういう人たちの魂を、靖国なら靖国に集めて鎮魂しなければいけないんですよ。そうすれば、彼らは救われていくわけです。

はっきり言って、軍隊の命令で動いて死んでいった人たちに罪はありませんよ。それはない。善人であろうが悪人であろうが、聖職者であろうが、その立場に置かれたら、誰だって、やはり戦わざるをえないのは一緒ですのでね。

戦においては義戦なし

東條英機　だから、戦、戦争においては「義戦なし」なんですよ。われわれは軍隊として戦ったのに、それを認めないところを怒っているんですよ。（西部劇で）アパッチ族を騎兵隊がやっつけたような言い方なので、それに対して、怒りを覚えているんですよ。

（日本軍は）世界史上初めて、航空母艦決戦をやったんですよ。今、中国がやっと「空母をつくった」とか何とか言っているんでしょう？　われわれは、もう七十年も前に、アメリカと世界最大の海戦、航空母艦決戦をやったんです。

結果は、負けましたよ。空襲まで受けて負けましたけれども、プロの軍人として潔く戦い、勝つときには勝ち、負けるときには負けた。勝敗は時の運だけれども、スポーツと同じで、戦争が終わったあとは、プロの軍人として戦った者同士、「お互いによく頑張った」と握手し、相手も英雄として称えることは、軍隊の歴史としては当たり前のことなんです。そうだったはずですよ。「片方だけがまったくの悪、あるいは善」というような歴史は、現実にはありません。

あの大アメリカと、もう四年近く近代戦をやった。ゼロ戦も、最初は世界最高の機能でものすごく優秀だったし、航空母艦決戦を発明したのは日本人ですからね。アメリカじゃないよ。日本が始めたことを、あちらがまねしただけでね。ただ、（アメリカが）工業力で勝っていたため、航空機も空母も戦艦の量も増えてきて、結局、

（日本は）負けることになりました。これは予想どおりですけれども、負けることになりました。だから、緒戦で終わりたかったのは事実です。

この作戦がうまくいかなかったことで、われわれは敗戦責任をとって処刑された。そのことはしかたがないとは思うけども、やはり、いったん、軍隊対軍隊で戦って勝敗を決し、平和の時代になったら、「相手も名将だった」と、その健闘を称えるのは普通のことです。

敗軍の将に礼をもって接した乃木将軍の人徳に世界が称賛

東條英機　乃木将軍がステッセル将軍に対して取った礼を思い出してほしいんですよ。「二〇三高地で、日本人は何万人死んだか」と考えたら、相手は鬼のような存在ですよ。乃木将軍の息子さん二人も、二〇三高地で死んだんです。その他の日本人も何万人も死んで、「乃木は愚将だ」とさんざん言われた。

しかし、ステッセルは、まだまだ戦えたのに、乃木の強さを認めて降伏した。ロシア軍にはまだ日本以上に弾薬や食糧もあって、日本なら当然戦っていたようなときに降伏してきた。

それに対し、乃木は、軍服を脱がせず帯刀を許して、そのままの姿勢で会った。ウォッシュバンだったか、その会見に立ち会った外国の記者が、「ノギは、いかに徳のある将軍であるか」を世界に流し、日本の軍人の立派さ、武士道の素晴らしさを世界が称えた。日本は向こうの将軍を絞首刑にして殺しても構わなかったわけだが、乃木はしなかった。これが日本人の精神ですよ。

たまたま「勝ったほう」と「負けたほう」との違いはありますけれども、われわれも気持ちは一緒ですよ。

乃木は勝ったほうだから、二〇三高地で日本人が何万人も殺されたことに対し、残っている兵士は皆殺しにして、向こうの将軍を絞首刑にして殺しても構わなかったわけで、そういうことは、アメリカならしたかもしれない。しかし、乃木はしなかった。これが日本人の精神ですよ。

アメリカは日本を真に「対等な友人」と見ているか

東條英機　われわれは、「武士道とは、そういうものだ」と思っています。戦というのは、最後はそういうものだと思っているし、負けたほうは切腹するなり、首を刎ねられるなり、作法があるので、それはしかたがないと思ってますよ。

インディアンの土地であったアメリカを、白人が奪い取ったにもかかわらず、インディアンが悪かったかのように描いた映画を流し続けて、（一部の土地に）インディアンを押し込め、「殺されて当然だった」みたいな歴史をもって国民を洗脳したのと同じように、日本にもやってきたことを考えてほしい。

実際に、日本と何十年も付き合ってみて、日本人は、そんなに劣等で、あくどくて、嘘つきで、汚い人種だったんでしょうか。もし、アメリカがそう思っているのなら、今も日本を利用しているだけですよ。少なくともイコールパートナーじゃなくて、アジア・太平洋地域をアメリカが支配するために、日本を単に利用しているだけ、〝インディアンの酋長〟のように利用しているだけということになります。
だから、われらと彼らの戦争観が違っていたことは知っておいてほしいと思いますね。

里村　はい。

10 誇り高き日本軍人の慟哭

日本軍人のモラルの高さは世界最高水準だった

里村　今日は、本当に貴重な話をたくさん頂きましたが……。

東條英機　（ここから涙ながらに訴え始める）「従軍慰安婦」と「南京大虐殺」の話があるけど、私は断固認めないからね！

里村　はい。

東條英機　絶対にあんなことはなかった。日本軍人のモラルの高さはね、世界最高水準だったんだ。これについては、絶対、絶対に譲らない！

私は絞首刑になっても、地獄の悪魔扱いされても構わないけど、「日本軍人が、規律を乱して略奪・暴行を繰り返すような軍隊だった」ということは、絶対に絶対に認めない！

私を永久に呪っても構わないけどね、日本のために戦って死んだ三百万の英霊を祀ることぐらい、義務ですよ！

あなたがたは、それを、どうして外国人に対して説得できないんですか！

私たちは、そんな悪人じゃないですよ！　私たちは、明治、それ以前の侍精神の流れを汲んだ日本軍人なんですよ！

私は、「悪魔」と言われても結構ですけど、日本最高の知性と最高の武士道精神を備えた人間であったんですよ！　「切腹せよ」と言われれば切腹したし、絞首刑にかかる前にはピストル自殺も図ったんですよ！　当たり所が悪くて死ねなかったのは残念です。それを「情けない」と非難されたことが悔しくてしかたないけれども、体が不自由で、最後に自分でとどめをさせず、残念でしかたがなかった。

まあ、私のことはどうでもいい。

天皇陛下のために死んだ人たちを祀ることぐらい、何が悪いんですか！

あなたがたは、そのくらい反論できないなら、日本人として情けないです。早く、韓国国籍にでも、北朝鮮国籍にでも、台湾国籍にでも、中国国籍にでもなるがよい！　あるいは、米国国籍になったらいい。そういう人たちは日本人ではない！

私は恥ずかしいですよ。七十年たって、まだそういう思想から抜けられない、それを反論できない、子孫たちが情けない！

あなたがたには、今、一億三千万近い人口がいるじゃないですか！　戦争のときには八千万しかいなかった人たちが、今は一億二千何百万人もいます。私たちを足蹴にするのは結構ですけども、家族を守るために戦ってきたんですよ！

（日本が）ＧＨＱに支配されてるときには自由にものが言えなかったかもしれないけれども、その支配が終わったあとも独立の気概を取り戻せないことに対して、私は情けない気持ちでいっぱいですよ！

だから、私は、安倍政権その他に対して指導するような立場にはありません。そういう人の指導などしていませんよ。

しかし、「武士道の心を持っていないことは恥ずかしい」という気持ちを日本人に持っていただきたいと思っているし、「アメリカ人が日本に対して不当なことをした部分については、フェアに扱っていただきたい」という気持ちを持っています。

日本軍人は、もっと立派な人たちだったんだ。私たちが劣った軍人ではなかったことだけは知ってほしいんですよ！

里村　はい。

東條英機　少ない資源と人口の、この小さな国のために戦った人たちがいる。軍人たちとして十分に優秀な人たちが、たくさん戦って、戦って、敗れ、天皇陛下の罪も全部かぶって死んでいったんですよ！
そういう私たちに対し、花の一本も手向(たむ)けられない七十年後の子孫に対しては、「情けない」という気持ちです。これだけは伝えておきたいと思います。

里村　そのお言葉をしっかりと伝えさせていただきます。
幸福の科学の霊査(れいさ)でも、「『南京事件』や『従軍慰安婦』はない」ということは、はっきりしております（『従軍慰安婦問題と南京大虐殺は本当か？』〔幸福の科学出版刊〕参照）。

東條英機　ありません！

里村　今後も、しっかりと国民に伝えてまいります。

東條英機　絶対にありません！　そんな軍隊じゃありません！

里村　はい。今日は、本当に貴重なお話をお聴かせいただきまして、ありがとうございました。

いま一度、「日本の国は日本で守る」という気概を

東條英機　私を「Ａ級戦犯」ということで、教科書に悪者として書き、今後もいじめ続けるのも結構ですが、これを、（中国等が）沖縄や九州を取ったり、日本を支配したりするようなことには利用されたくない。

あなたがたは、あなたがたの責任で「新しい東條英機」を出さなければならないでしょう。それによって負けることになるかもしれないけれども、そうでなければ、「外国人が日本人を守って死んでくれないかぎり、日本人を守れない」ということだけは知っておいてくださいよ。

しかし、アメリカ人が、先の大戦における日本の判定を変えてくれなければ、アメリカ人が日本人のために命を張って守ってくれることを、私はどうしても信じることができません。黒人や黄色人種に対する差別観を持っているのに、そこまでやってくれるとは、どうしても思えないんですよ。結局、「他の黄色人種に対して原爆を落として終わりにする」といったことになるんじゃないかと思いますよ。

だから、やはり、「日本の国は日本で守る」ということをきちんとやってほしいし、それをやった先人たちが（戦争に）負けたことに対して悔しい思いを持つのはいいけれども、それを犯罪人扱いして、ずーっと放置しておくということは、やはり悲しいことですよ！　それならば、日本人をやめなさいよ！

本当に、私は、そう言いたい。

いつの時代にも国のために尽くしてきた魂

里村　東條首相、最後に一つだけお伺いします。

東條首相は、かつて、日本において活躍された軍神でいらっしゃったのではないかと思いますが、もし、過去世のお名前をお聴かせ願えたら、名誉回復のためにも、ぜひ伝えてまいりたいと思います。

東條英機　うーん……、まあ、敗軍の将に、今、そんなことを言う権利はないかと思いますけれども。

過去、何度かは生まれておりまして、いずれの時代にも、やはり、国のために、お役に立ったつもりはございます。

しかし、敗軍の将がそういうことを語るのは、やはり、ちょっと分が過ぎているので、やめておきますが、戦国時代においても、その前の武士の世の時代においても、今の天皇制、律令国家ができるときにおいても、国のための柱になった一人でありますし、神々の時代の系譜のなかに、確実に存在する一人です！

里村　はい。ありがとうございました。本日は、長時間にわたりまして、本当にありがとうございました。

東條英機　はい。

大川隆法　（東條英機に）ありがとうございました。

11　元首としての「国民への責任」

天皇の「人間宣言」と戦争責任

大川隆法　この人が日本の戦争責任を引き受けているわけですね。少し本音が出てしまったかもしれませんが、軍人の立場で言えば、皇室に対しても、「周りにうまいことを言って、上手に逃げた部分があるのではないか」と思われているようです。「戦争責任をなかったことにして、『天皇を元首に戻す』という憲法改正の仕方には納得がいかない。その部分についての反省ができていないし、国民に対して責任を取っていないことについては問題がある」という意見が、東條首相の側から出ていました。

やはり、「『人間宣言』をした段階で、何らかの判断があってもよかったのではないか」という考えであるように、私は思いました。「本来ならば、元首であり、現人神として拝まれてもいた方が『人間宣言』した段階で、民間人になるべきだったのではないか。軍人が責任を取って死んだので、ご自身まで死ぬ必要はなかったけれども、責任の取り方として、少なくとも、民間人か、旧華族か、何らかの退位があるべきだったのではないか」というお考えでした。これには、多少、当たっている面があるのではないでしょうか。

やはり、天皇のために戦った者には、その後、多少、裏切られた気持ちがあったのではないかという気がします。

軍人とはいかにあるべきなのか

大川隆法　東條首相は、今もまだ地獄にいらっしゃるのかもしれませんが、「国のために戦って敗れた」ということで、もともとが悪人だとは思えません。

「スキピオ対ハンニバル」の戦いでは、最後にスキピオが勝ちましたが、「ハンニバルの戦法」で本人に勝った彼は、「自分にとってハンニバルは先生だった」と、はっきり言っています。

「大ローマ 対 小国カルタゴ」では勝ち目がありませんでしたが、スキピオは、三回にわたってローマに大被害を与えて戦い、最後に敗れたハンニバルに対して、ずっと敬愛の念を抱き続けていました。

やはり、軍人としては、そういうところがあってしかるべきであろうと思います。

したがって、アメリカが日本に対して行った、焼夷弾による焼き討ちや、原爆による攻撃、あるいは貨物船への無差別攻撃等には、やはり、卑怯なところがかなりあったのではないでしょうか。

もちろん、「日本軍は勇敢であり、直接戦うと大きな被害が出る」と知っていたために行ったのでしょうから、知恵はあったかもしれません。しかし、「軍人としては、多少、潔くないところがあったのではないか」という思いをお持ちだということです。

過去世においては、おそらく、「日本の戦国時代の大名の一人」であったと思われますし、その前には、「源平時代の大将」だったと思われますし、「奈良の律令国家をつくるときの一人」であって、「神代の時代の系譜のなかの誰か」であったと思われます。ただ、「敗戦の責任を取っている以上、過去世は言えない」とおっしゃるので、それを認めたいと思います。

今回、いちおう録ってよかったのではないでしょうか。「天国・地獄というだけでは、決着はつかない」ということです。

里村　決着がつかないということが分かりました。

大川隆法　そうですね。それだけでは決着がつかないということです。

戦死した人々は天皇が慰霊してこそ浮かばれる

大川隆法　これを見れば、やはり、慰霊はしなければならないのでしょうね。

本当は、皇室は宗教的な存在であるので、慰霊を行わなければならないのは天皇家なのです。彼としては、「やはり、公式にきちんと慰霊をするのは、本当は天皇でなければならない。天皇のために戦ったのだから、天皇でなければ、そういう人たちを慰霊できるわけがない。天皇が慰霊をしてこそ、天皇のために戦って死んでいった人たちも浮かばれるのだ。天皇がせずに、総理大臣や閣僚、その下の人が行くのでは駄目だ」と思っているのでしょう。

里村　そうですね。はい。それはよく分かりました。

大川隆法　そして、皇室が実質上の宗教であることは分かっているため、今の憲法のスタイルとしては、「人が見ていないところで、〝私的行為〟として、こっそりと儀式をする」ということになりますが、彼に言わせれば卑怯であり、「もっと堂々とせよ」ということのようです。

少しは勉強になるところもありましたね。

里村　はい。本当にありがとうございました。

大川隆法　では、ありがとうございました。

あとがき

先の大東亜戦争の日米開戦時の東條首相（陸軍大将）は、いまだA級戦犯の中心として全責任を引き受けているようである。しかし、本霊言は、当時の日本のベスト・アンド・ブライテストが全身全霊で戦って敗れた無念さにあふれている。緒戦(しょせん)で全戦全勝しつつ、敵将マッカーサーを、その身一つで、フィリピンからオーストラリアへ取り逃がした無念さ。逃亡中の大将を捕獲できておれば、捕虜(ほりょ)にして和平交渉に持ち込むことも可能であったことであろう。

もうすぐ終戦七十年である。「戦後」はもう終わらせなくてはならない。新興侵略国家からこの国を守らなくてはならない。政府よ、もう謝るのはやめよ。「日本を取り戻す」のではなく、「日本の誇りを取り戻す」ことが大切なのだ。

二〇一三年　五月十七日

幸福実現党総裁　大川隆法

『公開霊言　東條英機、「大東亜戦争の真実」を語る』大川隆法著作関連書籍

『この国を守り抜け』（幸福実現党刊）
『平和への決断』（同右）
『保守の正義とは何か』（幸福の科学出版刊）
『マッカーサー　戦後65年目の証言』（同右）
『従軍慰安婦問題と南京大虐殺は本当か？』（同右）

公開霊言 東條英機、「大東亜戦争の真実」を語る

2013年5月24日　初版第1刷
2013年7月2日　第2刷

著者　大川隆法

発行　幸福実現党
〒107-0052 東京都港区赤坂2丁目10番8号
TEL(03)6441-0754

発売　幸福の科学出版株式会社
〒107-0052 東京都港区赤坂2丁目10番14号
TEL(03)5573-7700
http://www.irhpress.co.jp/

印刷・製本　株式会社 堀内印刷所

落丁・乱丁本はおとりかえいたします

ISBN978-4-86395-334-5 C0030
写真: AP/アフロ

大川隆法 霊言シリーズ・日本の自虐史観を正す

本多勝一の守護霊インタビュー

朝日の「良心」か、それとも「独善」か

「南京事件」は創作！「従軍慰安婦」は演出！歪められた歴史認識の問題の真相に迫る。自虐史観の発端をつくった本人（守護霊）が赤裸々に告白！　【幸福実現党刊】

1,400円

従軍慰安婦問題と南京大虐殺は本当か？

左翼の源流 vs. E.ケイシー・リーディング

「従軍慰安婦問題」も「南京事件」も中国や韓国の捏造だった！ 日本の自虐史観や反日主義の論拠が崩れる、驚愕の史実が明かされる。

1,400円

明治天皇・昭和天皇の霊言

日本国民への憂国のメッセージ

両天皇は、今の日本をどのように見ているのか？ 日本においてタブーとされている皇室論に、率直な意見が語られる。天皇元首論を主張する右翼に対して、冷静な批判も示される。

1,000円

マッカーサー 戦後65年目の証言

マッカーサー・吉田茂・山本五十六・鳩山一郎の霊言

GHQ最高司令官・マッカーサーの霊によって、占領政策の真なる目的が明かされる。日本の大物政治家、連合艦隊司令長官の霊言も収録。

1,200円

※表示価格は本体価格（税別）です。

大川隆法 霊言シリーズ・憲法九条改正・国防問題を考える

スピリチュアル政治学要論

佐藤誠三郎・元東大政治学教授の霊界指南

憲法九条改正に議論の余地はない。生前、中曽根内閣のブレーンをつとめた佐藤元東大教授が、危機的状況にある現代日本政治にメッセージ。

1,400円

憲法改正への異次元発想

憲法学者NOW・芦部信喜 元東大教授の霊言

憲法九条改正、天皇制、政教分離、そして靖国問題……。参院選最大の争点「憲法改正」について、憲法学の権威が、天上界から現在の見解を語る。
【幸福実現党刊】

1,400円

北条時宗の霊言

新・元寇にどう立ち向かうか

中国の領空・領海侵犯、北朝鮮の核ミサイル……。鎌倉時代、日本を国防の危機から守った北条時宗が、「平成の元寇」の撃退法を指南する！
【幸福実現党刊】

1,400円

※表示価格は本体価格（税別）です。

大川隆法霊言シリーズ・中国・北朝鮮情勢を読む

守護霊インタビュー 金正恩の本心直撃！

ミサイルの発射の時期から、日米中韓への軍事戦略、中国人民解放軍との関係──。北朝鮮指導者の狙いがついに明らかになる。　【幸福実現党刊】

1,400 円

長谷川慶太郎の守護霊メッセージ

緊迫する北朝鮮情勢を読む

軍事評論家・長谷川氏の守護霊が、無謀な挑発を繰り返す金正恩の胸の内を探ると同時に、アメリカ・中国・韓国・日本の動きを予測する。

1,300 円

中国と習近平に未来はあるか

反日デモの謎を解く

「反日デモ」も、「反原発・沖縄基地問題」も中国が仕組んだ日本占領への布石だった。緊迫する日中関係の未来を習近平氏守護霊に問う。　【幸福実現党刊】

1,400 円

小室直樹の大予言

2015 年 中華帝国の崩壊

世界征服か？ 内部崩壊か？ 孤高の国際政治学者・小室直樹が、習近平氏の国家戦略と中国の矛盾を分析。日本に国防の秘策を授ける。

1,400 円

幸福の科学出版

大川隆法 霊言シリーズ・日本復活への提言

渡部昇一流・潜在意識成功法

「どうしたら英語ができるようになるのか」とともに

英語学の大家にして希代の評論家・渡部昇一氏の守護霊が語った「人生成功」と「英語上達」のポイント。「知的自己実現」の真髄がここにある。

1,600円

竹村健一・逆転の成功術

元祖『電波怪獣』の本心独走

人気をつかむ方法から、今後の国際情勢の読み方まで――。テレビ全盛時代を駆け抜けた評論家・竹村健一氏の守護霊に訊く。

1,400円

幸福実現党に申し上げる

谷沢永一の霊言

保守回帰の原動力となった幸福実現党の正論の意義を、評論家・谷沢永一氏が天上界から痛快に語る。驚愕の過去世も明らかに。　【幸福実現党刊】

1,400円

日下公人のスピリチュアル・メッセージ

現代のフランシス・ベーコンの知恵

「知は力なり」――。保守派の評論家・日下公人氏の守護霊が、いま、日本が抱える難問を鋭く分析し、日本再生の秘訣を語る。

1,400円

※表示価格は本体価格(税別)です。

大川隆法霊言シリーズ・時代を変革する精神

ヤン・フス
ジャンヌ・ダルクの霊言

信仰と神の正義を語る

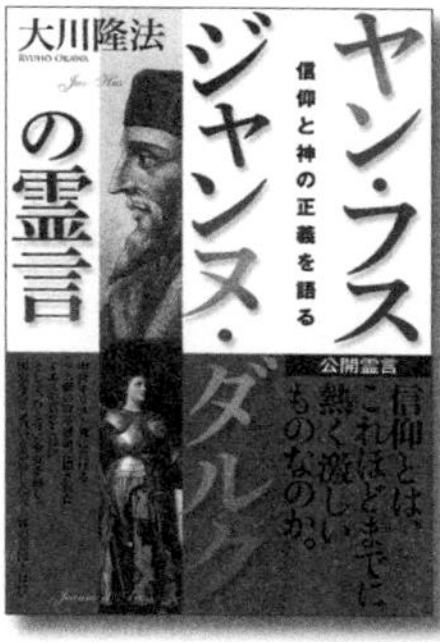

内なる信念を貫いた宗教改革者と神の声に導かれた奇跡の少女——。「神の正義」のために戦った、人類史に燦然と輝く聖人の真実に迫る!

1,500円

王陽明・自己革命への道

回天の偉業を目指して

明治維新の起爆剤となった「知行合一」の革命思想——。陽明学に隠された「神々の壮大な計画」を明かし、回天の偉業をなす精神革命を説く。

1,400円

日本陽明学の祖
中江藤樹の霊言

なぜ社会保障制度は行き詰まったのか!? なぜ学校教育は荒廃してしまったのか!? 日本が抱える問題を解決する鍵は、儒教精神のなかにある!

1,400円

新・日本国憲法試案

幸福実現党宣言④

大統領制の導入、防衛軍の創設、公務員への能力制導入など、日本の未来を切り開く「新しい憲法」を提示する。

1,200円

幸福実現党宣言

この国の未来をデザインする

政治と宗教の真なる関係、「日本国憲法」を改正すべき理由など、日本が世界を牽引するために必要な、国家運営のあるべき姿を指し示す。

1,600円

政治の理想について

幸福実現党宣言②

幸福実現党の立党理念、政治の最高の理想、三億人国家構想、交通革命への提言など、この国と世界の未来を語る。

1,800円

政治に勇気を

幸福実現党宣言③

霊査によって明かされる「金正日の野望」とは？ 気概のない政治家に活を入れる一書。孔明の霊言も収録。

1,600円

夢のある国へ——幸福維新

幸福実現党宣言⑤

日本をもう一度、高度成長に導く政策、アジアに平和と繁栄をもたらす指針など、希望の未来への道筋を示す。

1,600円

※表示価格は本体価格（税別）です。